Calme ta colère

DU MÊME AUTEUR

Aux Éditions Payot :

Petit guide à l'usage des gens intelligents qui ne se trouvent pas très doués
Bien avec soi-même, bien avec les autres
Le Livre des bonnes questions à se poser pour avancer dans la vie
Petit guide à l'usage des parents qui trouvent (à juste titre) que leur enfant est doué
Réussir grâce à son intuition. Être plus rapide. Avoir des idées nouvelles. Voir ce que les autres ne voient pas
Exercices pratiques pour utiliser votre intuition en toutes circonstances
Six clés pour se sentir enfin à sa place
L'Enfant précoce au quotidien. Mes conseils pour lui simplifier la vie à l'école et à la maison
Le Burn-Out des enfants. Comment éviter qu'ils ne craquent
Le Livre des vrais surdoués
Cahier de vacances pour enfants précoces (pour les 8-10 ans)
Sois qui tu es. Le petit livre qui va aider les parents d'ados surdoués
Calme ta colère. Le petit livre qui va aider les parents d'enfants précoces

(Suite en fin d'ouvrage)

BÉATRICE MILLÊTRE

Calme ta colère

Le petit livre qui va aider les parents d'enfants précoces

PAYOT

Retrouvez l'ensemble des parutions
des Éditions Payot & Rivages sur

payot-rivages.fr

Introduction

Si vous avez ce livre entre les mains, c'est que votre enfant est précoce.

C'est-à-dire qu'il est différent des autres enfants.

Différent, dans sa manière d'être, dans ses attitudes, dans ses comportements, dans sa prise en compte du monde.

Cela est le reflet de son fonctionnement cérébral, différent lui aussi.

S'occuper d'un enfant précoce nécessite de s'adapter à ses particularités, en le considérant non pas comme un être à part, mais comme un enfant singulier. Votre rôle consiste à l'accompagner dans l'épanouissement de sa personnalité propre pour qu'une fois adulte il sache tirer parti de qui il est, qu'il sache comment fonctionnent les autres et connaisse le mode d'emploi de la vie en société, afin d'être en adéquation avec lui-même tout en sachant interagir dans le monde qui l'entoure.

Pour cela il vous faudra faire abstraction de nombreux stéréotypes qui, s'ils correspondent au plus grand nombre, ne correspondent pas forcément à votre enfant.

Il vous incombe de l'observer, de faire avec qui il est, et de le lui expliquer afin qu'il ne se trouve pas en porte-à-faux avec lui-même.

De nombreux parents sont ainsi inquiets devant les attitudes de leurs enfants, qu'ils définissent comme anormales : se mettre en colère inopinément, refuser quasi systématiquement toute consigne, n'en faire qu'à sa tête, vouloir toujours avoir le dernier mot, accaparer toute l'attention de la famille...

La synthèse en est immédiatement un « problème à gérer ses émotions ».

Ce n'est pas tout à fait vrai ; ce n'est pas tout à fait faux.

L'enfant précoce, s'il fait montre d'une plus grande quantité d'intelligence, est également doté d'une plus grande intelligence émotionnelle. Celle-ci le conduit à réagir plus ou moins intensément à des situations auxquelles les autres enfants ne réagissent pas ou peu, ou qu'ils n'ont d'ailleurs pas perçues. Plus sensible et plus réactif donc. Mais également, et ce n'est pas forcément ce que vous, parents, ressentez, plus apte à gérer ces émotions intenses.

Votre rôle est de faire connaître son fonctionnement à votre enfant, dans la découverte de qui il est, mais également de l'accompagner dans la découverte du monde, qu'il sache ce qui se fait et ce qui ne se fait pas, ce qu'on attend de lui, comment il peut réagir, ce que les autres comprendront devant ses attitudes…

Il est certain que le domaine des émotions est… générateur d'émotions. Nous sommes dans un monde, à une époque où la perfection est de mise, notamment en ce qui concerne les émotions. Leur gestion représente un pan de la vie en communauté que les établissements scolaires prennent également en considération. Mais il renvoie beaucoup à qui vous êtes, à votre personnalité, votre responsabilité et votre réussite en tant que parent.

Personne, je pense, ne me contredira si je dis qu'il est très désagréable (pour ne pas dire plus) d'être au su et au vu de tout le monde, dans la rue, dans un magasin, avec un enfant qui fait une crise. Pas tant, d'ailleurs, à cause de la crise en elle-même qu'à cause du regard des autres.

Alors oui, un enfant précoce est un enfant qui vous demande de prendre sur vous, de réfléchir, encore et encore, à qui vous êtes, qui vous renvoie à vos choix, à votre style de parentalité.

C'est fatigant, c'est énergivore, mais c'est aussi très enrichissant et merveilleux.

Les colères des enfants précoces peuvent être fréquentes. Elles surprennent par leur force et dérangent par les implications qu'elles engendrent.

Elles sont le fruit de plusieurs facteurs : la découverte des émotions et l'apprentissage de leur gestion, passage par lequel passent tous les enfants, précoces ou non ; la sensibilité particulière de votre enfant, qui le fait réagir particulièrement fort ; l'incompréhension de ce qu'il perçoit de lui-même et des autres, le décalage entre ce qu'il vit et ce que l'environnement lui renvoie de ce qu'il devrait vivre ; la frustration qu'il ressent devant ce qu'il est capable de faire et ce qui lui est demandé.

C'est pendant les années d'enfance qu'il vous appartient de l'accompagner dans l'apprivoisement de ses émotions, de sa connaissance de lui-même et des autres. Autrement, il risque de grandir avec cette colère et cette incompréhension qui, alors, ne le quitteront plus.

Qu'est-ce qu'un enfant précoce ?

Les surdoués présentant un fonctionnement spécifique, vous ne pouvez pas demander à votre enfant de fonctionner comme tout un chacun.

Il est fondamental que votre enfant sache qui il est afin de ne pas se sentir anormal.

Pour pouvoir dire de quelqu'un qu'il est surdoué, trois caractéristiques sont nécessaires.

En premier lieu, ce n'est pas une pathologie. Cela implique que les critères d'identification basés sur des problématiques ne sont pas recevables. On voit et on entend trop souvent des personnes dire : « Mon enfant ne tient pas en place, il est agité, voire hyperactif ; c'est parce qu'il est surdoué », ou « Mon enfant est isolé socialement parce qu'il est précoce ».

Non. Un enfant peut être précoce et hyperactif ; il peut être précoce et isolé. Mais tous les précoces ne sont pas hyperactifs, ni harcelés, ni isolés.

À l'inverse de l'idée reçue selon laquelle les précoces vont mal, si l'on s'intéresse aux études scientifiques les concernant, on découvre que, statistiquement parlant, ils vont bien, mieux même que leurs pairs non surdoués.

Lorsque l'on parle d'un enfant précoce, il s'agit donc de préciser s'il va bien ou s'il montre telle ou telle problématique.

En second lieu, les surdoués montrent une plus grande intelligence, telle que mesurée au test de Wechsler[1]. Celui-ci mesure plusieurs composantes, notamment l'intelligence verbale, l'intelligence perceptive, la mémorisation et la vitesse de traitement.

En pratique, une plus grande intelligence va correspondre à une plus grande mémoire (un enfant précoce n'a besoin, s'il est motivé, que d'une ou deux répétitions pour engranger un concept, quand le premier de la classe en a besoin de quatre ou cinq et les autres enfants de huit à dix), une plus grande efficacité intrinsèque (moins de travail pour parvenir au même résultat), une pertinence accrue (élaguer les informations non pertinentes et aller droit au but), une plus grande rapidité de traitement des informations, une plus grande efficacité pour les tâches complexes, une pensée par association d'idées, une plus grande imagination et une plus grande adaptabilité.

1. Tests WPPSI-IV (Wechsler Preschool and Primary Scale of Intelligence, ou Échelle d'intelligence de Wechsler pour enfants) pour les enfants de deux ans et demi à sept ans et demi ; WISC-V (Wechsler Intelligence Scale for Children, ou Échelle d'intelligence de Wechsler pour enfants et adolescents) pour les enfants de six à dix-sept ans ; et WAIS-IV (Wechsler Adult Intelligence Scale, ou Échelle d'intelligence de Wechsler pour adultes) pour les jeunes de plus de seize ans et les adultes.

Ils présentent également une plus grande intelligence émotionnelle, en ce sens qu'ils possèdent un vocabulaire plus étendu et une meilleure gestion de leurs émotions, ainsi qu'une plus grande perception des émotions de leurs interlocuteurs.

Enfin, ils présentent ce que l'on appelle un fonctionnement intuitif, se traduisant par une efficacité optimale du dernier moment, une attention diffuse ainsi qu'une implication totale dans ce qu'ils entreprennent, une vision globale, et anticipatoire.

Et ils sont plus sensibles.

En résumé, les surdoués, déjà tout petits, font montre de grandes qualités de cœur : humanisme, bienveillance, altruisme, générosité, respect, tolérance, écoute, sensibilité morale.

Ils sont ainsi moins anxieux et plus sereins.

Leur épanouissement à l'âge adulte est le résultat d'un aspect génétique et environnemental.

Précoce aujourd'hui, votre enfant conservera toute sa vie ses spécificités, ses valeurs, son fonctionnement intuitif, sa plus grande sensibilité, son intelligence et son grand cœur. L'environnement tient une place prépondérante dans la réalisation du potentiel d'un surdoué et l'expression des gènes de l'intelligence (au moins 60 %). S'il a, enfant, un environnement familial, scolaire et social qui lui correspond, il sera alors un adulte épanoui, montrant une connaissance, une acceptation et une assumation de lui-même lui conférant une grande confiance en lui, ce qui se traduira aussi par un épanouissement social et professionnel.

UNE QUESTION DE TERMINOLOGIE

Enfant précoce ; enfant intellectuellement précoce ; surdoué ; enfant à haut potentiel intellectuel... Chacune de ces terminologies a des « pour » et des « contre », mais toutes parlent de la même chose : votre enfant.

« Précoce » est le mot qui avait été choisi par l'Éducation nationale. Il correspond à une réalité neurophysiologique : votre enfant est en avance sur la moyenne des enfants de son âge pour un certain nombre de capacités. Ce terme pose cependant un problème : une fois que les autres enfants ont acquis les mêmes capacités, il ne devrait plus y avoir d'écart. Si, par exemple, un enfant a acquis la marche avant les autres, quelques années plus tard la différence s'est estompée et cet enfant ne marche pas mieux que les autres. La réalité est autre : un enfant précoce reste différent toute sa vie, et l'on ne peut donc pas parler d'adulte précoce, cela n'a aucun sens.

« Surdoué » implique « plus doué que les autres ». Mais les personnes elles-mêmes ne ressentent pas cela et trouvent le terme prétentieux.

Une motion est en cours de vote au Sénat pour que l'on parle désormais d'enfant à haut potentiel intellectuel. Cela signifie que votre enfant a un potentiel, qu'il exprimera ou pas.

C'est un gentil

Matéo se laisse malmener par d'autres enfants ; cela va des moqueries aux insultes en passant par les bousculades, jusqu'au jour où il se fait taper : « Je ne réplique pas, m'explique-t-il, car ce n'est pas bien de taper. » Ses parents lui ont, en effet, toujours appris qu'il était interdit de taper. Matéo est un gentil, qui ne comprend pas pourquoi, même pour se défendre et éviter qu'il ne soit tapé, ou tapé plus, il devrait faire quelque chose de mal.

DES FAMILLES À L'ÉCOUTE

Il n'est pas facile d'être parents d'enfant précoce. Cela nécessite de faire confiance à différentes personnes, vous-même d'abord pour accepter que la perception des capacités de votre enfant est juste. Les personnes extérieures ensuite (psychologue, médecin, enseignant) qui peuvent être amenées à vous en parler.

Vous devez également savoir comment en parler autour de vous, sans prétention, simplement ; savoir à qui vous pouvez en parler sans que l'on vous dise que vous « poussez votre enfant à devenir un génie ».

Vous devez, surtout, faire confiance à votre enfant, qui montre des attitudes et des comportements qui, pour un autre que lui, pourraient être effectivement assimilés à des caprices, de l'opposition, de l'anxiété...

Les enfants précoces devenus des adultes épanouis ont tous eu des familles qui ont su les écouter, les voir pour ce qu'ils étaient en faisant abstraction de l'influence sociale. Leurs parents ont su leur faire confiance, leur donner les repères dont ils avaient besoin, leur montrer leurs capacités et tenir compte de leurs besoins, au point de modifier leurs vies pour que la vie de leur enfant soit épanouie.

Nous sommes bien loin de l'enfant roi et du laxisme. Diriez-vous de parents qui modifient leur vie pour accompagner à l'hôpital leur enfant atteint d'un cancer que leur enfant est un tyran ? Non, évidemment.

Pourquoi devrait-on attendre que nos enfants aillent mal pour répondre à leurs besoins ?

Laure se fait parfois embêter par des copines. Ni plus ni moins que les autres enfants. Ses parents essayent de lui apprendre à répondre, à les moucher, afin qu'elles ne recommencent pas. Peine perdue, pour la petite fille ce serait méchant. Elle préfère ne rien dire et être en accord avec elle-même. « De toute façon, ce sont mes amies, je les prends comme elles sont, je sais qu'au fond c'est parce qu'elles ne vont pas toujours bien. »

Les enfants à haut potentiel sont effectivement des amis fidèles qui savent prendre les autres dans leur globalité sans porter de jugement. Ce qui ne les empêche pas de s'agacer parfois devant des attitudes qu'ils jugent inappropriées.

Fidèles, ils le sont au prix de parfois s'oublier eux-mêmes. Nathalie apprend que son amie Augustine va peut-être redoubler son CE1. N'écoutant que son cœur, elle est prête à redoubler avec elle : « Tu comprends, on travaille souvent ensemble, et ses parents trouvent qu'elle n'est bonne à rien, alors que moi, je sais que ce n'est pas vrai, c'est juste qu'elle est parfois un peu lente ; alors elle a besoin de moi. Je ne sais pas ce qui lui arriverait si je n'étais pas là pour l'aider. »

Les enfants précoces semblent montrer cette sensibilité particulière au bien et au mal, que certains appellent « le surdouement émotionnel ».

Votre enfant fait preuve de compassion et d'un sens moral important dès son plus jeune âge.

C'est ainsi, par exemple, qu'il ne veut pas parler de ses notes devant ses amis, ou des achats qu'il peut faire. « C'est prétentieux », me dit Robin, sept ans, lorsque je lui demande pourquoi il ne dit pas qu'il a été premier de la classe, « et ensuite on a envie d'étaler, ce qui ne se fait pas ». Ou Jeanne qui ne veut pas parler des soldes qu'elle est allée faire avec sa maman, « ça pourrait rabaisser les filles qui n'ont pas été faire les boutiques, et ce serait désagréable pour elles ».

Plus sensible, votre enfant perçoit les émotions chez lui et chez les autres : il ressent ce que les autres ressentent, ce que l'on peut appeler l'empathie. Partant, il est foncièrement gentil, incapable de faire le mal volontairement.

Plus encore, c'est lui qui va défendre un enfant malmené dans la cour de récréation, et s'instaure en justicier, quitte à se faire lui-même malmener.

Apprenez-lui, dans ce cas, à ne pas faire justice lui-même, car il risque, en effet, d'être à son tour pris à partie. Montrez-lui plutôt à s'ériger en médiateur, dont le rôle sera de résoudre les conflits, ou du moins à essayer. Il peut également aller trouver l'enseignant « de cour, » responsable du bon déroulement de la récréation.

Mme Chamerolle se souvient de Lucie : « Je l'avais surnommée la petite concierge car, dès qu'il se passait quelque chose dans la cour, elle venait me trouver pour être sûre, non pas tant que les coupables seraient punis, mais que la victime serait aidée. Par contre, lorsqu'elle-même était embêtée par certaines filles, jamais elle ne le disait. »

Il n'est pas rare non plus que ces enfants se mettent en retrait, sachant laisser les autres sur le devant de la scène.

Ce que fait Paul lors d'un exposé à deux. « Nous avons travaillé ensemble avec Lucas et, lors de la présentation, nous expliquons un paragraphe chacun son tour. Comme il n'est pas très à l'aise à l'oral, il m'a demandé de lui souffler le début d'une idée s'il est perdu. Mais il sait que je ne dirai pas sa partie à sa place. »

À l'école, les professeurs les prennent souvent comme tuteurs d'un enfant moins avancé. Cela leur permet d'utiliser leur empathie et la sympathie qu'ils ressentent envers les autres. Mais cela leur permet également d'apprendre à formaliser leurs idées, à les partager avec les autres et à les exprimer de manière cohérente.

Ainsi, Lola, collégienne et ayant « tutoré » un ami handicapé pendant ses années d'école, sait, lorsqu'elle travaille en groupe, laisser les autres enfants prendre la parole et donner leurs idées : « Je sais que je vais plus vite qu'eux, mais ce ne serait pas gentil pour eux de ne pas les écouter ni de les laisser parler. Il faut tenir compte de chacun. »

Au collège, votre enfant aura pris un peu de recul sur sa logique pure. L'expérience et les années qu'il a passées lui auront appris qu'il peut nuancer ses idées. Il sait désormais qui il est et qui sont les autres et il l'accepte.

Ne le laissez pas devant des images de violence qui le marqueront pour sa vie entière, mais épargnez-le en le maintenant dans un environnement chaleureux et protégé.

Ne le considérez pas comme un adulte, même s'il en a parfois le langage, il n'a pas les clefs de compréhension qui lui permettraient de prendre le recul nécessaire devant de telles images.

Il fait des crises, anticipe, est perfectionniste

Les colères de votre enfant, ses crises sont trop fréquentes à votre goût, et surtout vous ne savez ni comment les arrêter, ni comment les prévenir.

Il anticipe : décalage entre ce qu'il prévoit et ce qui se passe

Morgan revient de l'anniversaire d'un de ses amis. Il s'y est mis dans une colère noire, criant après les enfants, voulant tout diriger et disant que rien n'allait, que rien n'était fait correctement.

Ses parents n'en peuvent plus de ses crises incessantes.

En fait, Morgan anticipe la façon dont l'anniversaire de son ami va se dérouler. Pas seulement les grandes lignes, mais tous les détails, avec qui il parlera, dans quelle équipe il sera pour la chasse au trésor, quels bonbons il y aura… Bien évidemment, tout ne se déroule pas comme il l'avait imaginé : il n'y a pas les mêmes bonbons que chez lui, il se trouve dans une équipe sans l'ami avec qui il pensait être…

Rentrant chez lui, il se met en colère disant que rien n'a été, que l'anniversaire était raté et qu'il n'y retournera plus.

Le décalage entre ce qu'il avait anticipé et ce qui s'est réellement passé lui crée un malaise qui génère sa colère.

Chaque fois que des colères se produisent ainsi, parlez avec votre enfant de ce qu'il a vécu. Expliquez-lui que, globalement, tout s'est bien passé. Focalisez sur les points positifs afin de minimiser les points négatifs.

Des situations analogues se reproduisent fréquemment. Votre enfant apprendra petit à petit à n'en anticiper que les grandes lignes et à accepter que les détails peuvent changer.

Il doit tout faire du premier coup

Lorsqu'elle dessine, Maya doit réussir son dessin d'un coup. Lorsque ce n'est pas le cas, elle le roule en boule, le jette violemment par terre et se lève en criant que rien ne va, qu'elle est nulle, qu'elle ne sait pas dessiner et n'y arrivera jamais.

Sa maman essaye de lui expliquer qu'il est normal de ne pas réussir du premier coup, que son dessin n'est pas si mal, et qu'il peut être amélioré.

Rien n'y fait. Maya campe sur ses positions.

Il est possible que le décalage, encore une fois, entre ce que votre enfant a dans la tête et la manière dont il parvient à le concrétiser soit à l'origine de sa colère. Mais c'est plus encore lié à son fonctionnement propre et en l'occurrence la seule façon pour votre enfant d'apprendre à corriger son travail est de le modifier, d'en faire autre chose ou de recommencer à zéro.

Par son fonctionnement intrinsèque, il est difficile pour lui de fonctionner par essais-erreurs.

Le cerveau de l'enfant précoce : le raisonnement intuitif

Les surdoués présentent ce fonctionnement intuitif si caractéristique.

L'archétype, qui parle à tous, est Archimède : Archimède dispose d'un certain nombre d'éléments, de morceaux de puzzle, qui vont s'assembler, en bruit de fond, hors de sa conscience verbale, dans son non-conscient, pendant qu'il fait autre chose. Lorsque les éléments sont assemblés, que le raisonnement est mûr, arrive le fameux eurêka : le puzzle est complet et parvient à sa conscience.

C'est exactement ce qui se passe pour votre enfant, qu'il dessine, fasse de la pâte à modeler, un gâteau, une construction… Il prend en compte les éléments pertinents à ce qu'il souhaite réaliser, et le réalise d'un coup.

Je suis souvent frappée lorsqu'un enfant ayant réussi à faire le dessin qu'il souhaitait essaye de le recommencer : la deuxième mouture est souvent beaucoup moins bonne.

Dans l'exemple de Maya, le dessin n'a pas du tout été réussi.

On peut alors penser qu'elle n'avait pas encore tous les éléments nécessaires dans son cerveau, et qu'elle n'a pu que rater ce qu'elle faisait. Par contre, si elle revient essayer un moment plus tard, non pas en retouchant son dessin, mais en le recommençant totalement, il y a de fortes chances qu'alors elle le réussisse.

À vous d'accompagner votre enfant dans la découverte de ce processus et du temps de maturation nécessaire pour décanter afin qu'il réussisse ce qu'il entreprend.

Rien ne sert d'essayer de faire des efforts qui ne résulteront qu'en de plus nombreux échecs, jusqu'au moment où tout se fait d'un coup.

Faites-lui prendre conscience de cette manière, efficace, de faire et ne le culpabilisez pas s'il ne sait pas faire des essais et les corriger.

Soyez l'intermédiaire entre lui et le monde

Plus sensible que les autres et fonctionnant d'une façon un peu différente, le plus grand nombre renvoie à votre enfant que cette manière d'être n'est pas normale.

Votre enfant a besoin que vous lui expliquiez que c'est normal. Normal pour lui. Et efficace. Il faut que vous lui décodiez le monde qui l'entoure, que vous vous fassiez l'intermédiaire entre lui et les autres, décodant leurs comportements, leurs attitudes et leurs attentes.

C'est vous qui devez lui expliquer, lui décoder ce qu'attend la maîtresse, ce que sont le mode d'emploi de l'école et la règle du jeu de la vie en société.

Plus que d'autres enfants, il a besoin de repères fixes. À vous de les fixer en fonction des règles de vie que vous souhaitez lui donner, et n'en dérogez pas.

Si vous regardez les moments où votre enfant ne vous écoute pas, ce sont des situations où vous-même n'êtes pas si sûr que ce que vous lui demandez soit si incontournable.

Pourquoi faut-il prendre une douche tous les jours ? « Je me suis lavé hier » répond Macyl à sa maman. « D'accord », répond-elle, ne sachant pas pourquoi, en effet, sauf s'il revient de son entraînement de foot couvert de boue, il faudrait se laver entièrement tous les jours.

Les sujets qui ne prêtent pas à discussion sont ceux pour lesquels il n'y a pas de question possible : se laver les dents tous les matins et tous les soirs ; mettre des chaussettes ; ne pas faire de devoirs le week-end ; boire de l'eau à table et pas du soda… La liste est longue des circonstances dans lesquelles votre enfant ne discute pas, parce que ce sont des moments où la discussion est inenvisageable pour vous.

LES ANNÉES D'ÉCOLE

La connaissance et l'épanouissement de votre enfant passent par trois étapes : la connaissance de lui-même, l'acceptation de qui il est et, enfin, l'assumation de sa personnalité propre.

Schématiquement, la première étape correspond aux années d'école, la deuxième au collège et la dernière au lycée où votre enfant, sachant qui il est et ayant appris comment il fonctionne et ce qui lui correspond, est capable de faire avec qui il est, de l'expliciter à ses amis et à ses professeurs et de ne pas se laisser parasiter par l'influence sociale.

Votre enfant a besoin de savoir qui il est, comme tout un chacun d'ailleurs, mais lui, plus encore, afin notamment de ne pas se penser anormal, nul, voire fou.

Étiquettes qui lui sont renvoyées devant des comportements qui lui semblent normaux, et contre lesquels il ne peut rien, mais qui peuvent apparaître inappropriés à son environnement.

L'émotion paradoxale

Lorsque votre enfant se trouve à chaud dans son émotion, dans sa crise, rien ne peut l'atteindre. Comme tout un chacun, ses pensées sont colorées par son émotion et tout ce que vous pourrez dire sera interprété en ce sens.

Le raisonner, sur l'instant, ne fonctionne donc pas.

Lui parler, lui expliquer comment se calmer ne fonctionne pas non plus : il n'est pas en capacité de vous écouter.

À vous donc de gérer la crise pour lui.

Prenez-le sur vos genoux, dans vos bras. Ceinturez-le. Oui, il vous faudra un peu de force pour maintenir gentiment votre petit paquet hurlant et gesticulant.

Et faites-lui des bisous, un câlin, dites-lui des mots doux.

Ces émotions, positives, d'amour que vous lui adressez ne peuvent pas cohabiter avec les émotions, négatives, de colère, de frustration et de rage.

Petit à petit, continuez de le maintenir, il va s'apaiser.

Une fois qu'il est calmé, vous pouvez discuter avec lui de ce qui s'est passé.

Il est malheureux

Lilou est toujours de mauvaise humeur. Il prend tout mal, réfléchit à tout, tout le temps. Il n'arrive plus à retenir ses leçons, est irritable et fatigué.

Si vous sentez que votre enfant est dans cet état-là, il faut qu'il se repose, qu'il « arrête » son cerveau quelque temps.

Proposez-lui, sans trop lui laisser le choix, de faire un contrat avec vous, temporairement, pour quelques semaines. Contrat par lequel vous décidez de tout à sa place et lui obéit à ce que vous lui demandez sans y réfléchir.

Basé sur une confiance réciproque, et ne durant que quelques semaines, ce contrat fait un bien fou à votre enfant.

Vous pouvez le répéter régulièrement, cela lui donne des périodes de répit et le fait souffler.

C'est vous l'adulte

Il ne sert à rien de demander à votre enfant de se raisonner. Il est envahi par son émotion et ne sait pas comment ne pas succomber à sa force.

Il a besoin de vous pour l'aider. Ne vous laissez pas vous-même prendre par votre émotion, sinon son empathie (et la vôtre) risque de faire s'aggraver la crise.

Alexandra se demande qui, de sa fille ou d'elle, aggrave la crise. « Je ne sais pas si, comme je perçois que Tania n'est pas bien, je ne vais pas bien moi-même, et ne suis plus capable de gérer mes émotions négatives, ou si Tania perçoit que je ne vais pas bien à ce moment-là, ce qui provoque son malaise et déclenche une crise. »

Je n'ai pas la réponse. Je sais qu'effectivement ce sont les vases communicants entre les émotions de deux personnes sensibles et dénotant de l'empathie l'une pour l'autre. Les émotions s'en trouvent exacerbées et plus difficiles à gérer.

Calmez, vous aussi, votre colère

Il est particulièrement difficile de garder son calme devant un enfant dont vous avez l'impression qu'il fait exprès de « tester vos limites » et de vous pousser à bout.

Votre enfant n'est pas machiavélique

Je mets volontairement « tester vos limites » entre guillemets car, si c'est un concept galvaudé, il n'en demeure pas moins obscur à mes yeux.

En effet, un enfant n'est pas machiavélique et ne pense pas à mal, il ne pense pas à dépasser des limites qu'il ne connaît pas.

Un enfant, quel qu'il soit, mais plus encore un surdoué, a besoin de connaître et de comprendre le monde qui l'entoure, d'avoir des repères auquel il puisse se fier et des personnes en qui il puisse avoir confiance et auxquelles il puisse croire.

Lorsque vous dites, en colère vous-même, que vous allez mettre votre enfant en pension, la première fois il vous croit, la deuxième un peu moins, jusqu'à ce jour où il vous dit : « De toute façon, tu ferais mieux d'arrêter de faire des menaces que tu ne tiendras jamais ! »

La colère fait partie de la vie

La colère se manifeste lorsque vous ressentez un décalage entre vos valeurs et la situation dans laquelle vous vous trouvez.

Il est donc nombre de situations dans laquelle nous sommes amenés à la vivre et ne jamais en ressentir est impossible.

Acceptez que, selon votre humeur, votre état de fatigue, de nervosité, les situations, vous puissiez vous mettre en colère devant votre enfant.

Nombre de parents, surdoués eux-mêmes, m'expliquent qu'ils se mettent, eux aussi, dans des colères noires devant l'incompréhension du comportement de leur enfant.

« Je lui demande somme toute quelque chose de simple, de m'aider à mettre le couvert, et je me fais répondre qu'elle n'est pas ma servante et ne s'appelle pas Cendrillon ! Ça m'a mis dans une colère ! Une autre fois, j'ai essayé d'en rire, et ma fille l'a mal pris prétextant que je me moquais d'elle. J'ai l'impression qu'elle n'a aucune considération pour moi. C'est difficile. »

Votre enfant a, au contraire, beaucoup de considération pour vous, et c'est juste un enfant qui découvre le monde et ne sait pas encore bien se positionner. Avec les références qui sont les siennes, il se construit un monde qui n'est pas forcément en adéquation avec la réalité.

À vous donc de le lui expliquer encore et encore.

Excusez-vous

Et de vous excuser lorsque vous vous emportez.

Certains adultes me disent que c'est à l'enfant de revenir, de s'excuser.

Comment voulez-vous qu'il grandisse harmonieusement si l'exemple qu'il a devant les yeux, vous, n'est pas cohérent ? Je sais que mes mots sont forts, mais justifiés au regard des attentes d'un enfant précoce, pour qui le sens, la logique et l'équité ou la justice sont inscrits dans les gènes.

Il aura du mal à accepter votre expérience si vous n'êtes pas cohérent avec vos attentes et les siennes.

Cet enfant pour qui la perfection est la seule logique a besoin d'apprendre qu'être humain c'est être imparfait, et de vous voir vous, ses parents, être imparfaits, s'en excuser lorsque vos comportements débordent, et à peu près bien le vivre.

Il grandira alors en sachant qu'équilibre et perfection ne vont pas de pair.

Zac s'étonne devant son papa qui « ose » lui répondre « je ne sais pas » à une question qu'il avait posée.

Dana qui est contente que ses parents se soient excusés de s'être mis en colère, parce que leur demande était injuste.

S'expliquer

S'excuser ne veut pas dire laisser votre enfant tout régenter et tout décider à votre place.

Cela veut dire reconnaître que vous avez eu tort.

Cela veut dire qu'un élément déclencheur a libéré votre colère.

Que cet élément déclencheur était le comportement de votre enfant.

Alors expliquez-lui pourquoi votre colère a démarré, ce que vous attendiez de lui et surtout, surtout, pourquoi vous attendiez cela de lui.

N'oubliez pas que sans compréhension de ce que vous lui demandez, votre enfant ne le fera pas.

Vous êtes parfait

Après avoir discuté de la perfection avec Solange, elle me parle de sa mère. « J'en ai assez, elle me dit toujours ce que je dois faire. Je pense qu'elle se trouve parfaite, et c'est insupportable. »

Elle s'étonne lorsque je lui réponds que sa maman est sans nul doute parfaite.

En effet, elle est parfaite, pour elle.

Je m'explique. Chacun d'entre nous, adultes, a su mettre sa vie en adéquation avec sa personnalité, a su choisir ce qui lui correspondait, a fait les choix qui l'épanouissaient.

Si bien que, pour cette dame, sa vie est parfaite, pour elle, pas pour les autres.

D'où la difficulté du rôle de parent, qui est d'accompagner votre enfant dans l'épanouissement de sa propre personnalité, dans la construction de sa propre perfection si je puis dire, perfection qui n'est pas la vôtre.

Il vous incombe de l'accompagner dans ce cheminement, sur ce chemin, en tenant compte de qui il est, sans lui imposer vos choix, mais en respectant les siens.

Exercice d'équilibrisme, car il ne s'agit aucunement d'être laxiste ou démissionnaire et de le laisser décider de tout pensant qu'il sait ce qui est bien pour lui.

Non, il s'agit de faire des choix pour lui, en fonction de vos valeurs, de ce que vous voulez lui transmettre, de ce à quoi vous accordez de l'importance, et il n'a pas son mot à dire.

Tout en acceptant que certains sujets puissent ne pas avoir d'importance pour lui.

Expliquez-lui encore et encore vos décisions, vos choix, vos orientations.

Mais dites-vous que lui-même décidera, en dernier ressort, et lorsqu'il sera grand, de sa vie.

Vous êtes le meilleur expert de votre enfant

C'est ce que je dis à la plupart des parents que je reçois. Nous sommes là pour vous conseiller, vous donner des pistes de réflexion, des outils, des stratégies. Pas pour décider à votre place de ce qui est le mieux pour votre enfant[1].

C'est vous en effet qui vivez avec lui au jour le jour, qui le connaissez, qui savez ce qui est bien pour lui. C'est également vous qui savez ce que vous voulez lui transmettre, en fonction de vos valeurs, de ce que vous jugez important.

Aussi réfléchissez à chaque conseil, chaque direction que l'on peut vous donner et adaptez-les à votre vie.

Vous ne connaissez peut-être pas tous les arcanes du fonctionnement de votre enfant en détail, et cela n'a aucune importance.

Prenez-le comme il est, aimez-le tel que vous l'avez fait en sachant qu'il ne pense pas à mal. Observez-le et regardez comment il fait les choses. Il n'est pas besoin de le connaître en détail, juste d'ouvrir les yeux et de voir ce qui marche. Valorisez alors ses réussites afin qu'il puisse s'appuyer dessus et regardez le résultat plutôt que la manière dont il s'y est pris. Si cela fonctionne, peu importe le chemin emprunté. Alors vous donnerez confiance à votre enfant, dans ses capacités et sa manière d'être.

---

1. Je ne parle pas ici de pathologie. Lorsqu'un enfant présente une pathologie, c'est bien évidemment au thérapeute, au médecin ou au psychologue de prendre les rênes.

Il veut toujours avoir raison

Rien de plus horripilant que quelqu'un dont vous pensez qu'il veut toujours avoir raison, que c'est un Monsieur ou une Madame « Je sais tout ! » A fortiori lorsqu'il s'agit de votre enfant.

Cela peut vous donner d'autant plus le sentiment qu'il vous trouve sans valeur et qu'il est capricieux.

Mais si ce n'étaient pas des caprices et qu'il avait vraiment raison ?

Vous venez d'acheter une bouteille de jus de fruits ; votre enfant ne veut pas le boire en prétextant qu'il est mauvais. Vous lui dites d'arrêter de faire des caprices et de boire son jus de fruits, qui est son parfum préféré.

Rien n'y fait, il s'entête, tant et si bien que vous y goûtez vous-même… pour le trouver tourné. Bouteille neuve, vendue périmée, votre jus de fruits était effectivement mauvais.

Combien de fois vous êtes-vous rendu compte qu'en effet votre enfant était dans le vrai ?

Souvent n'est-ce pas ?

Vous, qui lui dites de se dépêcher le matin pour ne pas être en retard. Mais cette phrase n'a aucun sens pour lui, puisqu'il rentre chaque matin en classe, même lorsqu'il arrive après la sonnerie (en retard, donc, selon vos termes) et qu'il n'y a aucune conséquence.

N'a-t-il donc pas raison lorsqu'il vous dit de ne pas vous en faire, qu'il ne sera pas en retard à l'école ?

Je ne suis pas en train de dire qu'il doit gagner à chaque fois, car ce n'est pas en ces termes que la question se pose.

Il vous faut apprendre à lui faire confiance, à ne pas penser qu'il vous fait exprès « tourner en bourrique » car, n'oubliez pas, c'est un gentil.

Nombre de parents m'expliquent alors que ce sont eux les adultes et que leur enfant doit les écouter.

Il ne supporte pas l'autorité

Ce n'est pas tant qu'il ne supporte pas l'autorité, qu'il a besoin d'une autorité bienveillante, juste et adaptée.

Votre enfant est exigeant, aussi bien envers lui-même qu'envers les autres, vous en particulier.

Ne tolérant pas l'injustice et ayant de hautes valeurs morales, il attend de vous que vous ayez les mêmes attentes, les mêmes standards, et que vous soyez parfait, dans l'acception qu'il donne à la perfection, avec son référentiel d'enfant.

Parfait, cela veut dire que vous lui montriez le chemin, que vous sachiez lui donner des repères, que vous lui fassiez découvrir le monde qui l'entoure, que vous sachiez le protéger, qu'il puisse vous faire confiance et qu'il sente que vous lui faites également confiance.

Il ne s'agit pas d'une opposition de principe, simplement d'attentes… légitimes.

Vous lui demandez une fois, deux fois, trois fois… d'aller prendre sa douche. Rien n'y fait. Vous vous énervez. Toujours rien !

Opposition, me direz-vous ? Non, occupation.

Votre enfant n'est pas désœuvré. Il joue, lit, regarde une série, est dans ses pensées. Vous lui demandez de faire quelque chose dont, soit dit en passant, il ne perçoit pas l'intérêt, alors qu'il est en plein milieu d'une activité qui a du sens pour lui. Mettez-vous à sa place ! C'est désagréable. Il vous répond : « Oui, oui, j'y vais tout de suite. » Et lorsqu'il vous le dit, il le pense. Sauf, qu'avec l'intensité qui est la sienne lorsqu'il se trouve dans une activité qu'il aime, il se retrouve pris dans sa passion, dans ses pensées ; le temps passe ; il a oublié.

Aidez-le en lui demandant de terminer son activité avant d'aller prendre sa douche par exemple. Aidez-le encore à ne pas en commencer une deuxième.

On avance souvent que les adultes surdoués sont intolérants à la hiérarchie, alors qu'il s'agit toujours du même phénomène : d'attentes légitimes. Les surdoués ont besoin de respecter la figure d'autorité à laquelle ils ont à faire.

Ils ont besoin de sentir que cette personne est juste, et plus que d'un sentiment de justice, il s'agit d'un sentiment de justesse, d'équité, qu'elle est compétente, à l'écoute de ses équipes et qu'elle saura les faire progresser.

Votre enfant a ces mêmes besoins, que ce soit vis-à-vis de vous ou de ses enseignants.

Il ne supporte pas la maîtresse

Les enfants précoces font partie, pour l'Éducation nationale, des enfants à besoins éducatifs spécifiques. Cela veut dire que les enseignants sont tenus de s'adapter à leurs spécificités. Les propositions sont triples : accélération, enrichissement et accélération, en plus de tous les aménagements quotidiens.

Cependant, et je ne dis pas que toutes ces adaptations sont inutiles, un enfant précoce dont l'enseignant est exigeant (c'est le meilleur mot que j'ai trouvé pour les qualifier) n'aura aucun problème de scolarité.

Les recherches internationales nous disent effectivement qu'un enfant ayant un « bon » professeur s'épanouira : un professeur qui saura susciter sa curiosité et son intérêt, saura l'inciter à être créatif et indépendant, tout en promouvant ses capacités d'investigation, en l'aidant à développer un esprit critique, dans le respect les uns des autres, la bienveillance et la tolérance.

À l'inverse, un professeur considéré, à tort ou à raison, comme moins compétent suscitera désintérêt et démotivation.

Justin explique que sa maîtresse commet elle-même des fautes d'orthographe. Il ne comprend pas comment c'est possible alors qu'elle est censée leur apprendre. D'autant que, si quelqu'un le lui fait remarquer, il se fait instantanément taxer d'insolence.

De plus, elle est capable de punir la classe entière, ce qui, pour lui, est foncièrement injuste pour ceux qui n'ont rien fait.

Il a besoin que vous lui expliquiez que la maîtresse n'est pas incompétente, mais humaine, avec des forces et des faiblesses.

Sans aller contre son autorité, il vous appartient également de prendre la défense de votre enfant lorsque c'est justifié.

Logique pure et réalité

Logique, votre enfant l'est à outrance, c'est-à-dire qu'il ne voit pas la différence entre ce qui est possible et ce qui se passe dans la réalité.

C'est ce qui se passe par exemple lorsque vous transigez sur les règles que vous avez données.

Louis s'est couché plus tard car ses grands-parents, qu'il n'avait pas vus depuis plusieurs mois, venaient dîner. Le lendemain, à l'heure habituelle, pas moyen de le coucher. Il se mit à faire une crise, prétextant que la veille il s'était couché plus tard et qu'il ne voyait pas pourquoi ce ne serait pas possible désormais.

Ses parents ont eu le plus grand mal à le coucher.

Mettez-vous à la place de cet enfant, à qui l'on dit qu'il doit se coucher à une certaine heure pour ne pas être fatigué le lendemain. Il est logique de penser que cela est toujours vrai. Et que s'il peut se coucher plus tard, c'est bien que ce n'est pas le cas. Car ses parents ne vont pas faire exprès de le fatiguer.

C'est d'une logique imparable.

Sauf que l'aléa existe, que ces enfants ont du mal à le percevoir d'emblée.

D'où, encore une fois, le fait que vous deviez expliquer, encore et encore.

Car tant que votre enfant n'aura pas perçu pourquoi il devrait faire les choses… il ne les fera pas.

Il n'en fait qu'à sa tête

Dylan parle sans cesse à son voisin de classe.

Sa maîtresse le réprimande, le punit, convoque ses parents. Ceux-ci lui expliquent que ça dérange la classe, que ça ne se fait pas, que ce n'est pas poli… Dylan n'arrive pas à s'arrêter.

Ses résultats scolaires sont bons par ailleurs.

Jusqu'au jour où les parents de son ami demandent à la maîtresse de les changer de place. « Tu comprends, lui explique ce dernier, toi, tu as des bonnes notes. Moi pas. Parce que quand on parle ensemble, je ne peux plus écouter la leçon, ni l'écrire, alors je ne m'en sors pas. Mes parents ne veulent plus qu'on soit ensemble. »

Dylan est effondré. Pour lui, parler à son ami ne l'a jamais empêché d'écouter la leçon, et il n'avait jamais pensé que les autres ne pouvaient pas le faire également. Ses parents ont pu rebondir sur ces circonstances et lui expliquer que les autres enfants avaient du mal, voire ne savaient pas, écouter et discuter en même temps. Dylan n'a plus jamais distrait un camarade.

Lola se désespère de ne pas faire ce que lui demande sa maman. Qu'il s'agisse de mettre le couvert, de ranger sa chambre, de venir à table ou de ne pas couper la parole, rien n'y fait. « Pourtant j'essaye, j'ai envie de lui faire plaisir, mais je ne sais pas ce qui se passe. Quand elle me demande quelque chose… Bon, des fois je me dis que c'est sans intérêt, j'ai envie de le faire. Et pourtant je ne le fais pas. »

De l'extérieur, ses parents se disent qu'elle ne les écoute pas, et ne tient pas compte de ce qu'on lui dit.

Il n'est en fait question que de motivation et de sens que votre enfant donne aux choses.

Donnez-lui du sens

Le sens et la motivation sont deux incontournables du fonctionnement de votre enfant. Tant que ces deux ingrédients sont absents, il ne se passera pas grand-chose.

N'hésitez pas à faire les choses avec lui, l'emmener prendre sa douche, l'habiller le matin, lui faire ses lacets. Au moins vous serez sûr qu'il le fait.

Il a besoin de vous. N'oubliez pas que ce n'est encore qu'un enfant qui ne voit pas pourquoi il devrait faire quelque chose qu'il n'aime pas ou dont il ne voit pas l'intérêt. Encore une fois, dans une logique absolue, il a raison.

De nombreuses personnes me disent qu'on ne fait pas toujours ce qu'on veut et qu'il faut bien apprendre à faire des choses désagréables ou qui n'ont aucun sens.

Je ne suis pas d'accord. Si l'on peut, au contraire, bien vivre, et ne faire que ce qui nous correspond, ce sera source d'un plus grand épanouissement et d'une plus grande sérénité.

Cela sera la preuve d'une vie en phase avec soi-même, et votre enfant a raison de ne pas vouloir faire ce qu'il ne comprend pas et ce qui ne lui parle pas. Il a raison, dans l'absolu. La réalité est parfois autre.

Alors trouvez ce qui peut le motiver.

Aussi bien des encouragements (rater une journée d'école si ses résultats sont satisfaisants) que des moments de partage (faire une partie de foot avec son papa)... mais il vous faudra être inventif car quelque stratégie que ce soit ne fonctionnera pas longtemps.

Changer de stratégie régulièrement

Votre enfant étant ouvert d'esprit, curieux d'esprit et s'intéressant à de nombreux domaines, il vous faudra changer régulièrement de stratégies pour le motiver.

Certains me disent qu'il est plus efficace de faire les choses pour soi qu'en ayant des motivations externes, que leur enfant doit comprendre pourquoi il travaille, notamment.

Il est, d'une part, des personnes pour qui les motivations externes sont plus efficaces que les motivations internes.

N'oubliez pas, d'autre part, que votre enfant n'est pour l'instant qu'un enfant.

Faites-lui confiance, en grandissant il découvrira ce qui fait sens pour lui et trouvera seul ses sources de motivation. Il n'y a aucun doute qu'il retombera sur ses pattes, et aura une vie épanouie et épanouissante.

En attendant, il a besoin de vous, c'est votre rôle de parents, pour l'accompagner et lui permettre de faire son métier d'enfant.

Il ne veut pas faire ses devoirs

Des crises à n'en plus finir se produisent le soir au moment des devoirs qui prennent des heures au lieu de quelques minutes ou de quelques dizaines de minutes.

« C'est insupportable, me raconte Catherine, on dirait que Julien fait tout pour me contrarier et me contredire. Entre “la maîtresse n'a pas dit ça”, les “de toute façon ce n'est pas toi qui es à l'école” et les “tu n'y connais rien”, on passe des moments terribles. En plus, tout n'est pas au propre sur le cahier, donc il faut réécrire, apprendre la leçon, faire les devoirs, c'est un calvaire. Pour qu'au final, lorsqu'il décide de s'y mettre, tout soit terminé en dix minutes ! »

Une fois acceptée l'idée que votre enfant ne fait pas tout pour vous contrarier, posez-vous la question autrement.

Et s'il avait raison ?

Et s'il n'avait pas besoin de faire ses devoirs ?

Et s'il n'en avait pas besoin parce que, tout simplement, il savait déjà sa leçon de l'avoir écoutée, et qu'il savait déjà faire ses exercices, de les avoir faits une fois en classe ?

L'enfant précoce dispose d'une plus grande mémoire et a donc besoin de simplement écouter pour mémoriser sa leçon. S'il a compris, il n'a plus besoin ensuite de faire d'exercices supplémentaires.

Vérifiez alors avec lui que tel est bien le cas, parlez à la maîtresse, et vous pourrez dès lors vous passer de faire des devoirs.

Si cependant vous y tenez, laissez l'enseignante gérer la crise. Acceptez que votre enfant ne fasse pas ses devoirs une fois ou deux, et laissez-le percevoir les conséquences qui en découleront le lendemain à l'école.

Une fois qu'il aura intériorisé une motivation (ne pas se faire punir, ne pas faire ses devoirs pendant la récréation…), il s'y mettra tout seul.

La manière stricte ne fonctionne pas

Encore une fois, votre enfant a besoin de sens. La manière stricte ne donne aucun résultat car elle ne permet pas à votre enfant de comprendre et d'assimiler pourquoi il devrait faire telle ou telle tâche.

Effectivement ce n'est pas quelqu'un qui obéit sans réfléchir. Sauf s'il décide que ça a du sens pour lui.

Sans dire que c'est lui qui décide de tout, vous n'y changerez rien, et il vous faut vous adapter à sa personnalité. Votre but en effet, comme tout parent, est que votre enfant devienne un adulte épanoui. Pour ce faire, vous devez l'accompagner, lui, en fonction de qui il est et pas de ce que vous pensez qu'il doit être.

Il ne veut plus aller à l'école

Les parents de Léa me demandent quoi faire. Leur fille ne veut plus aller à l'école. Tous les matins c'est la même histoire, elle a mal au ventre.

Léa a commencé la maternelle pleine d'enthousiasme. Elle était attentive à chaque mot de sa maîtresse, était partante pour tout, s'est fait des amis rapidement.

Au fil des ans, elle a commencé à traîner des pieds, trouvant le temps long, ne comprenant pas pourquoi elle devait y aller, ni y aller tous les jours.

J'explique systématiquement à chaque enfant précoce que je reçois que l'école n'est pas intéressante. C'est ce que nous, les adultes, leur vendons : un endroit où ils vont apprendre plein de choses. Ce n'est malheureusement pas le cas, pas pour eux.

J'ajoute, tout aussi systématiquement que, pour le coup, ce n'est pas difficile et que cela permet de ne faire que cinq minutes de devoirs par jour, voire pas du tout, quand les copains ont besoin d'au moins une heure.

Il faut impérativement que vous expliquiez à votre enfant qu'il est précoce, et ce que cela implique pour lui.

Expliquez-lui également que l'école est faite pour tous, autant ceux qui ont des facilités que ceux qui ont des difficultés. Que le rythme des apprentissages doit tenir compte de tous et la maîtresse s'adapter à chacun.

Comprenez ensuite que l'école puisse fatiguer votre enfant. Sensible notamment au bruit, il peut lui être difficile de supporter le brouhaha toute la journée et tous les jours de la semaine.

Il peut également lui être difficile de supporter le rythme et le temps qui passe, sans qu'il n'en voie vraiment le propos.

Rien ne vous empêche, dès lors, de lui permettre de rater l'école de temps en temps afin de le laisser souffler. Pas d'inquiétude : d'un point de vue scolaire et académique, il ne ratera rien qu'il ne peut rattraper. D'un point de vue administratif, il vous suffit de prévenir l'école pour que son absence s'en trouve justifiée. Mettez ce temps à profit pour vous promener, faire des activités que vous n'avez pas le temps de faire ordinairement.

J'aime bien l'idée des jokers[1]. Par laquelle, lorsqu'il n'en peut plus, votre enfant peut décider, et si cela est possible dans votre logistique, de ne pas aller à l'école.

Je pense qu'un joker par période est suffisant. À vous d'adapter l'idée à votre vie.

1. Voir le livre de Susie Morgenstern, *Joker*, Paris, L'École des loisirs, 1999.

Il prend toute mon énergie

Vous avez le sentiment de ne plus avoir de temps, que toute votre énergie est accaparée par votre enfant, que ce soit pour faire ses devoirs, véritable calvaire comme nous l'avons vu, pour s'habiller ou manger. Il est omniprésent et réclame toute l'attention de la famille

L'attention diffuse

Mickaël n'est pas autonome. Le matin, pour partir à l'école il faut l'habiller, se laver les dents à ses côtés, faire ses lacets et prendre son cartable pour être sûr qu'il ne l'oublie pas. Le soir, il a besoin de temps et d'attention pour s'endormir. Ses parents doivent en permanence être à ses côtés.

Lorsque Mickaël commence quelque chose, son attention est attirée facilement par un petit détail, qui lui suggère une pensée. Une pensée en entraînant une autre, il se trouve pris dans ses idées… oubliant ce qu'il devait faire.

Il a donc besoin de vous pour aller au bout de ce qu'il a commencé, pour persévérer et ne pas se disperser en changeant d'idée instantanément.

N'oubliez pas qu'il n'est encore qu'un enfant et dites-vous bien qu'une fois adulte, il mettra ses chaussures tout seul.

En attendant il vous revient de l'aider, voire de faire les choses à sa place ou avec lui afin qu'elles soient faites.

Vous pouvez par exemple monopoliser l'un de ses canaux attentionnels, en chantant une chanson. Cela l'obligera à se focaliser sur la tâche qu'il a démarrée. Vous avez certes besoin d'être à côté de lui, mais ce n'est pas vous qui lui lacez ses chaussures, qui lui brossez les dents… Petit à petit, il apprendra ainsi à le faire seul.

Ne vous inquiétez pas, à l'adolescence il sera paradoxalement plus autonome que ses camarades. Ainsi Shana s'étonne qu'une de ses amies ne supporte pas de rester une heure seule le soir lorsque sa maman va à son cours de danse. « Mes parents rentrent quelquefois vers 20 heures, aussi je suis toute seule depuis la sortie du collège. Je n'ai pas peur. J'aime bien, au contraire être parfois seule. »

Les enfants précoces montrent souvent cette capacité à se laisser prendre par une série de pensées, ce qui donne l'impression qu'ils ne sont pas attentifs, pas à ce qu'ils font.

L'intensité

Les enfants précoces sont intenses. Impliqués dans ce qu'ils font, engagés, sans distraction. Ils sont aussi capables de montrer une attention médiocre voire inexistante lorsqu'un sujet ne les intéresse pas qu'une attention soutenue lorsqu'ils sont motivés.

Le contraste est frappant. L'énergie qu'ils déploient est phénoménale.

De fait, ils sont capables de motiver leurs amis sur un projet, de les aider, ne savent pas jouer tout seuls. Les parents doivent en permanence être à leurs côtés. À table ils monopolisent l'attention, ayant besoin de parler et posant sans cesse des questions.

Il aime partager

Dès que vous avez le dos tourné, votre enfant vous appelle, pour vous demander votre avis, vous raconter ce qu'il vient de faire, vous poser une question…

Il a besoin de partager avec ceux qu'il aime.

En effet, ce sont des enfants intenses. Dans tout ce qu'ils entreprennent.

Sensibles, ils ont besoin de tendresse, de câlins, de bisous.

Jeannette m'explique que son fils l'attend parfois devant la porte des toilettes pour continuer la conversation qu'il a démarrée auparavant.

Ne le disputez pas. Il ne sait pas, pour l'instant, faire autrement. Pensez-vous vraiment que quand il aura 20 ans, il continuera de venir vous attendre devant la porte des toilettes ?

Non, alors expliquez-le lui, jusqu'à ce qu'il comprenne par lui-même en quoi cela vous dérange.

Laissez-le de même partager ses centres d'intérêt avec ses amis : emmenez-les avec vous lorsque vous allez vous promener, visiter une exposition, ou dans un parc d'attractions. Ou invitez-les simplement à venir jouer chez vous.

Contrairement à ce que l'on lit trop souvent, l'enfant précoce aime les gens, il est sociable. Aidez-le à cultiver cet aspect, fondamental, de sa personnalité.

De l'utilité du jeu et des histoires

Au-delà de l'aspect ludique, le jeu tient une place prépondérante dans l'émergence de la créativité. Notamment les jeux où l'enfant joue un rôle, se mettant dans la peau d'un personnage. Inventer des histoires et des situations, avec leur déroulement et leur dénouement permet également aux enfants d'apprendre à réguler leurs émotions.

D'où l'importance d'avoir régulièrement des copains avec votre enfant afin qu'il puisse développer cet aspect de sa personnalité.

Les histoires qu'il invente, que vous pouvez lui lire, ou qu'il lit lui-même lui permettent d'intérioriser un *modus vivendi*, de percevoir les conséquences de certains comportements, d'en valoriser d'autres, en somme de se construire. Tout se passe un peu comme si le jeu et les histoires jouaient un rôle d'autohypnose, permettant l'intériorisation non consciente d'un certain nombre de règles et de concepts.

Choisissez, ou inventez, les histoires qui sont porteuses des valeurs que vous souhaitez lui transmettre, et bannissez celles qui vont à leur encontre.

Enfin, jouer avec votre enfant et lire avec lui, si cela vous permet de partager des moments agréables, vous permet aussi de l'aider à se canaliser et à ne pas se disperser. Soyez ferme, et ne le laissez pas changer d'activité tant qu'il n'a ni fini, ni rangé la première.

Donnez-lui de l'amour

Sortez des stéréotypes qui ne lui correspondent pas et faites-lui confiance, comme il vous fait confiance.

Josh me disait, les larmes aux yeux, qu'il ne savait pas très bien ce qu'il y avait de positif chez son fils.

Je lui rappelai ce que le petit garçon lui avait dit : « J'essaye de faire ce que tu me demandes, tu sais, j'essaye vraiment ; mais je n'y arrive pas. Si tu savais ce que je m'en veux de ne pas y arriver ! »

Connaissez-vous beaucoup d'enfants qui vous diraient cela ? Nombreux vous diraient… rien d'ailleurs, car ils n'y prêteraient aucune attention.

De vouloir vous faire plaisir est une qualité énorme qui montre la grandeur de son cœur.

Focalisez sur ses bons côtés, oubliez la colère et ne le culpabilisez pas, mais aidez-le à apprendre de ses expériences.

Il est anxieux

« Mon enfant est anxieux », me disent souvent les parents que je reçois.

Lorsque je demande comment cette anxiété se manifeste, la première réponse concerne la peur de la mort.

La peur de la mort

Vincent ne peut supporter que ses parents le laissent.

S'ils sortent un soir, ils peuvent être sûrs qu'il ne sera pas endormi à leur retour : il attend qu'ils rentrent pour, enfin, pouvoir dormir.

Pour se coucher, lorsqu'ils sont là, le petit garçon a besoin de les sentir près de lui. Si son père bouge, le pensant endormi, il perçoit son mouvement et se réveille instantanément pour demander où il va.

Vincent sait très bien expliquer qu'il a peur que ses parents ne meurent.

Son père ne sait quoi faire, d'une part pour qu'il s'endorme sereinement, d'autre part pour qu'il cesse d'avoir peur.

« Nous avons essayé de le rassurer, en lui disant que nous n'allions pas mourir, rien n'y fait. Je vois bien la différence avec sa sœur. Elle ne s'inquiète pas ainsi. »

Certains parleraient ici d'anxiété de séparation.

Je parlerai plutôt pour ma part d'anticipation.

Ce petit bonhomme, comme tous les enfants précoces que j'ai pu recevoir, ou les adultes qu'ils étaient devenus, m'expliquent la même chose : ils n'ont pas peur de la mort, sachant qu'elle fait partie de la vie et ayant pu l'observer quotidiennement.

Ils appréhendent le fait de se retrouver seuls.

Ils savent qu'un jour leurs parents mourront, mais ils ne savent pas quand ce jour arrivera. Dans leur cerveau d'enfant, vous, leurs parents êtes déjà très vieux, donc proches de votre mort. Lorsque vous leur dites que vous n'allez pas mourir, cela crée une information paradoxale : ils savent que vous allez mourir *vs* vous leur dites que vous n'allez pas mourir. Ils en déduisent (non consciemment bien sûr) que vous leur mentez. Si vous leur mentez, c'est donc que vous allez mourir. Ce qui renforce leur croyance et la transforme en angoisse.

Car, mettez-vous à leur place : imaginez que vous soyez un petit enfant (donc ne pouvant vous débrouiller seul), ayant besoin de ses parents, de leur présence et de leur amour. Que pensez-vous que vous ressentiriez si vous aviez la certitude d'être en train de les perdre ? Une peur panique. Doublée d'une grande souffrance.

Peur panique à l'idée de vous retrouver tout seul, donc (n'oubliez pas que vous êtes un enfant avec ses références et ses connaissances) soit à l'orphelinat (avec toutes les images de la littérature ou des séries que cela implique) soit dans la rue. Mais livré à vous-même.

Souffrance devant votre disparition.

Il ne s'agit donc pas, dans cette logique implacable, d'anxiété, mais bien d'anticipation d'une réalité inéluctable.

Sachez, en effet que les enfants précoces sont moins anxieux que les autres enfants, et qu'en grandissant ces préoccupations laisseront place à des préoccupations plus globales, d'écologie, de sauvegarde de la planète.

Pour tranquilliser votre enfant, expliquez-lui, non pas que vous n'allez pas mourir, mais bien que oui, vous allez mourir, mais qu'a priori vous avez encore de longues années à partager avec lui.

Mais que, si cela devait se produire, on ne sait jamais, alors il ne serait pas tout seul car il pourrait aller chez son oncle, sa tante, ses cousins, son meilleur ami…

Il saura ainsi de quoi demain sera fait et sera tranquillisé.

J'ai peur du mixer

« Orianne a peur de tout, me confie sa maman. Elle sursaute au moindre bruit, à chaque oiseau qui passe dans le ciel et qu'elle n'avait pas vu. »

La peur est une émotion qui se manifeste devant un danger, nous permettant de mobiliser nos ressources internes afin d'y faire face.

Il ne peut donc y avoir de peur sans danger.

Or si le fait de sursauter se produit devant un imprévu (un bruit inattendu, une image non prévue), cela ne correspond pas systématiquement à un danger. Imaginez que quelqu'un vous tape sur l'épaule dans la rue. Vous sursautez (vous vous préparez à faire face à un potentiel danger) ; vous vous retournez, voyez qu'il s'agit d'un ami, et la tension retombe : il n'est pas nécessaire d'affronter un danger.

Voilà ce qu'il vous faut apprendre à votre enfant.

Ce n'est pas parce qu'il réagit à une stimulation externe qu'il aura perçue qu'il s'agit d'anxiété. Il a seulement perçu un changement dans son environnement.

Expliquez-lui que la peur est associée à un danger et qu'il n'y en a aucun lorsque le mixer se met en route, ou qu'une ombre plane au-dessus de sa tête.

UNE PLUS GRANDE INTELLIGENCE ÉMOTIONNELLE

L'enfant à haut potentiel ne montre pas seulement de plus grandes capacités cognitives, il dispose également d'une plus grande intelligence émotionnelle.

Il est plus sensible. Cela recouvre deux réalités : il a une plus grande acuité, une plus grande subtilité de perception, et il perçoit des émotions plus fines ; cela crée une plus forte émotion interne en réponse. Il s'agit donc d'une double sensibilité : sensibilité interne à ce qu'il ressent, sensibilité externe à ce qu'il perçoit chez les autres (ce que l'on peut appeler l'empathie).

Il réagit ensuite plus fortement à ces stimulations qu'il a perçues.

Il dispose d'un plus grand vocabulaire émotionnel pour en parler.

Il sait enfin mieux gérer ces émotions intenses qu'il vit.

Ce n'est pas ce que vous ressentez, ni lui non plus, mais c'est la réalité. Cela veut dire que si l'on donnait la même quantité d'émotion à un enfant non précoce, alors ce dernier ne saurait pas y faire face.

Mathilde n'est pas une enfant précoce. Son chat a mangé une plante toxique offerte à sa maman par les parents de son nouveau compagnon. Le chat est plusieurs jours entre la vie et la mort. Mathilde est dans tous ses états pendant toute cette période, hurlant qu'elle ne veut plus jamais voir son beau-père et que si elle revoit ses parents, elle leur « pourrira la vie » jusqu'à ce qu'ils partent et que sa mère divorce. Une fois le chat rentré à la maison, elle continuera pendant des mois de tenir ce discours et de ne pas retrouver une sérénité.

Jeanne est une enfant précoce. Elle adore les animaux et en a plusieurs, chats et chiens. Elle retrouve un jour son chien de deux ans écrasé devant chez elle. Il essayait toujours d'aller dans la rue et était à l'affût du moindre trou pour sortir. Son papa n'avait pas réussi à les combler tous. Jeanne est malheureuse, mais n'en veut pas à qui que ce soit. Elle sait que personne n'y peut rien. Elle pleure pendant des heures et continue son chemin. Pour gérer sa peine, elle range toutes les affaires de son petit compagnon, lui fait une croix pour planter dans la terre, une fois que ses parents l'auront enterré dans le jardin (hors de sa présence pour ne pas ajouter d'émotion). Elle leur demande de lui offrir une peluche à son effigie afin qu'il soit toujours à ses côtés. Elle a su faire face et gérer sa douleur.

On retrouve cette même sensibilité au niveau des cinq sens, ce que l'on appelle l'hyperesthésie : c'est ainsi que votre enfant se montre plus sensible à une odeur, un parfum, un goût, un son...

La sensibilité à la fatigue et à la faim

De la même façon que votre enfant est plus sensible aux émotions, il l'est à tous les stimuli.

Quand il a faim ou est fatigué, plus rien à en tirer. Ne cherchez pas à discuter ni à le calmer dans ces moments, il faut juste qu'il se repose ou qu'il mange.

Ensuite, et c'est presque miraculeux, il est de nouveau en forme.

Augustine sortait à 11 h 30 de l'école en petite section de maternelle, irritable, irascible et à bout de nerfs. Pas moyen de la faire manger. Elle avait, en fait, tant focalisé son attention toute la matinée, sans faire ne seraient-ce que des micropauses, qu'elle était exténuée.

Avant toute chose, il fallait la faire redescendre en pression. Sa maman a alors eu l'idée de lui faire faire une petite promenade au parc (cinq minutes seulement). Augustine était alors détendue et pouvait manger tranquillement.

Ne prenez pas ces comportements pour des caprices, ils ne sont que les manifestations de l'extrême sensibilité de votre enfant. N'oubliez pas qu'il ne pense pas à mal et qu'il a des raisons de se comporter comme il le fait, autres que de vous « casser les pieds ».

Les questions incessantes

Jonas pose question sur question. La maîtresse n'en peut plus. Elle convoque ses parents et leur explique que leur fils manque énormément de confiance en lui, qu'il ne peut pas faire le moindre exercice sans avoir posé au moins une question. Qu'il ne supporte pas l'échec et ne peut tolérer de commettre une erreur.

En fait Jonas n'est pas plus anxieux que cela. Il veut juste s'assurer qu'il a bien compris la consigne afin de répondre correctement à la question. Il ne veut pas se tromper, non pas par intolérance à l'échec, mais parce qu'il a envie de bien faire, parce qu'il est consciencieux, impliqué dans ce qu'il fait et motivé par ce qu'il apprend.

L'enfant précoce a un besoin viscéral de comprendre ce qu'il a à faire. S'il ne sait pas pourquoi il doit faire quelque chose, s'il n'est pas sûr d'avoir compris, il aura les plus grandes difficultés du monde à le faire.

Curieux de tout, ouvert d'esprit, votre enfant questionne tout ce qui l'interpelle, tout ce qu'il perçoit autour de lui et qu'il ne connaît pas mais qu'il a envie de découvrir. Nous sommes loin d'une anxiété de quelque ordre que ce soit.

Répondez du mieux que vous pouvez. Dites que vous ne savez pas lorsque c'est le cas, mais ne le laissez pas avec ses questionnements non satisfaits. Trouvez une manière d'y répondre, en ouvrant le dictionnaire, l'encyclopédie, ou internet, en regardant un documentaire, en visitant un musée…

Ne le laissez pas seul avec ses questions, mais partagez ensemble les réponses : c'est un enfant, ne « l'abandonnez pas » seul avec son cerveau. Il est de votre responsabilité de faire les choses avec lui.

Il sait tant de choses mais en comprend si peu

Votre enfant a beaucoup de connaissances, c'est un fait.

Ce n'est cependant qu'un enfant et il ne peut pas encore comprendre tout ce qui l'entoure.

D'où la nécessité de lui expliquer encore et encore ce qu'il voit, ce qu'il perçoit, pour l'aider à construire un univers interne serein et cohérent.

De lui décoder le monde qui l'entoure pour lui en donner le mode d'emploi.

De lui expliquer qui il est pour qu'il grandisse harmonieusement.

De ne surtout pas le considérer comme un grand qu'il n'est pas encore et de ne pas lui donner accès à des informations qu'il ne pourrait pas comprendre et intégrer.

Liane regarde les actualités. On y parle d'un tremblement de terre à l'autre bout du monde. Elle fera des cauchemars pendant des semaines et y pensera des années durant.

En effet, Liane ne sait pas que le pays en question est au bout du monde et pas au coin de sa rue. Elle ne sait pas que cela ne peut pas se produire chez elle, qui n'habite pas dans une zone à risque.

Voyant des images « percutantes », et plus sensible, elle les intègre telles quelles, sans distance et sans compréhension. Ayant une excellente mémoire, elle s'en souviendra pendant des années.

Connaître et comprendre sont deux aspects différents. Encore une fois, ce n'est pas parce que votre enfant montre une plus grande maturité sur certains sujets qu'il doit avoir accès et qu'il peut comprendre les sujets des adultes.

Donnez-lui ainsi accès aux seules informations en rapport avec son âge, qu'il pourra comprendre[1].

Ne le laissez pas voir des films en dehors de sa tranche d'âge, non plus que des images qui peuvent le choquer, le marquer et influer négativement sur sa construction. N'oubliez pas qu'il est particulièrement plus sensible (ce n'est pas de la sensiblerie) et que toute image le marquera pour longtemps.

Ce n'est pas de la surprotection que de vous adapter aux possibilités de votre enfant.

Si votre enfant voit des images difficiles, parlez-en ensemble pour les lui expliciter.

LE CERVEAU DE VOTRE ENFANT

D'un point de vue neurologique, le cerveau de votre enfant ne sera achevé que vers... vingt-cinq ans.

Le cerveau est l'organe humain le moins abouti à la naissance. Il va s'agrandir et former de nouvelles connexions. Le câblage des différentes zones progresse de l'arrière vers l'avant, des zones les moins évoluées vers les zones les plus évoluées.

Le cortex préfrontal sera ainsi le dernier à être raccordé aux autres zones.

1. Il existe une très bonne émission quotidienne pour les enfants : *ARTE Journal Junior*, ainsi que de nombreux quotidiens et magazines adaptés.

Or c'est le cerveau de la prise de recul, de l'anticipation, de la prise en compte des conséquences...

Lorsque l'on regarde par IRMf le cerveau d'un surdoué, on est surpris de constater qu'il est partout en intense activité. De plus, cette activité est complexe, multimodale, et leur cerveau organise ainsi de manière extraordinairement efficace les nombreuses informations en provenance de plusieurs zones sensorielles.

Il montre des seuils d'activation plus bas, ce qui se traduit au quotidien par une sensibilité exacerbée. Le premier encodage des informations se trouve ainsi plus intense, de même que sa récupération, multimodale elle aussi et toujours associée aux émotions à l'œuvre dans la situation d'origine. Cette multimodalité neuronale veut dire que les surdoués effectuent fréquemment des connexions entre des informations que les autres personnes ne perçoivent pas et s'accompagne d'une pensée par association d'idées. Les surdoués fonctionnent ainsi avec une implication, un engagement important dans une tâche ou un raisonnement donné, une grande mémoire, de nombreuses connaissances, qui persistent après juste une prise en compte, des capacités analytiques. La contrepartie est que, de l'extérieur, faire plusieurs choses en parallèle peut passer pour de la désorganisation personnelle, se trouver emporté dans un flux de pensées pour de la rêvasserie et du manque de concentration ou d'attention, l'hypersensibilité pour de la sensiblerie, de la susceptibilité ou du caprice.

Il est grand mais il est petit

Percevant la maturité et la diversité des intérêts de votre enfant, vos perceptions et vos attentes peuvent être faussées par rapport à qui il est réellement.

En effet, s'il est exact que l'enfant précoce montre des capacités en avance sur sa tranche d'âge, il montre également des comportements et des attitudes en dessous.

De manière schématique, si votre enfant a un QI de 130, et qu'il a dix ans, alors il aura des attitudes d'enfant de treize ans mais également des attitudes d'enfant de sept ans.

Pas dans le même temps, mais sur des sujets et dans des circonstances différentes.

Ainsi Noa sait-il jouer à des jeux de société et aime-t-il cela, mais il refuse de se débarrasser de ses jouets de tout-petit, son cheval à bascule, ses gros cubes de construction, ses puzzles à gros morceaux, avec lesquels il aime jouer. Comprenez bien que ce n'est pas un manque de maturité, mais son univers, ses repères (votre enfant a une grande mémoire et chacun de ses objets est associé à des moments de sa vie), et l'univers dans lequel il se sent bien.

Acceptez votre enfant dans sa diversité, ne lui demandez pas ce qu'il n'est pas capable de faire et ne le prenez surtout pas pour un adulte miniature.

Parlez-moi

De nombreux parents me demandent s'il faut dire à leur enfant qu'il est précoce. La raison pour laquelle ils se posent la question est qu'ils ne souhaitent pas voir leur enfant stigmatisé par une étiquette.

La question ne devrait pas être celle d'un quelconque étiquetage par les uns et les autres, mais d'une simple connaissance de soi.

De même que votre enfant grandit en sachant qu'il est blond ou brun, que ses yeux sont noirs ou bleus, qu'il s'appelle de son prénom… qu'en somme il connaît ses caractéristiques, il a besoin de savoir comment il fonctionne afin de ne pas grandir en fonction de ce qu'il ne serait pas.

Je reçois beaucoup d'adultes qui ne savent pas qu'ils sont surdoués.

Leur sentiment est, au mieux, qu'ils sont anormaux, qu'ils ont un problème et certains se pensent fous.

Pourquoi ? Car depuis toujours le monde leur renvoie que la manière dont ils fonctionnent n'est pas conforme, n'est pas celle du plus grand nombre.

Marion a 35 ans lorsqu'elle vient me voir. Ses amis ont émis l'idée qu'elle serait surdouée. Dans son travail, elle se met à dos certains de ses collègues car elle va « trop vite ». Elle ne supporte pas la médiocrité, n'aime que les conversations qui ont du sens, ne transige pas avec ses valeurs et ressent une colère permanente devant les comportements des autres. En même temps très humaine et altruiste, elle est capable de penser le pire comme le meilleur des personnes qu'elle est amenée à rencontrer.

Lorsqu'elle sut qu'elle était surdouée, non pas juste le mot, mais toute la réalité que ce concept recouvrait, elle put mieux se comprendre et mieux comprendre les autres. Sa colère fit progressivement place à une volonté d'interagir harmonieusement avec les autres.

Il me semble évident qu'on ne peut pas se construire ni trouver son équilibre sans savoir qui l'on est.

De même vous faut-il parler à ses enseignants afin qu'ils ne posent pas de faux jugements sur votre enfant et qu'ils puissent, le cas échéant, proposer des aménagements pédagogiques.

Conclusion

J'ai envie de terminer cet ouvrage en partageant avec vous deux exemples.

Je trouve qu'ils mettent bien en perspective ce que je viens de vous dire et ce que j'ai essayé de vous transmettre.

Le premier, dramatique, est celui d'Eliott ; le second, celui de Sophie.

Tous deux ont quatorze ans.

Les parents d'Eliott l'ont toujours considéré comme « hors norme ». Ils l'ont toujours poussé à se surpasser afin que ses capacités soient utilisées. Ils lui ont toujours dit qu'il était plus intelligent que les autres, et plus mature. De ce fait, ils ont considéré qu'il fallait le considérer comme un adulte avec qui ils ont échangé sur un pied d'égalité, ne décidant rien pour lui, mais le laissant prendre ses propres responsabilités.

Lorsque je le rencontre, Eliott est la proie d'une grande détresse. Dépressif et suicidaire, il s'automutile et ne supporte plus rien ni personne.

Perfectionniste à l'excès, il travaille quatre heures par jour afin d'avoir au minimum 19/20. Dès qu'il n'a « que » 18,5/20, il est en larmes et travaille encore plus. Il se considère nul et sans valeur. Il n'a pas d'amis, car il juge tous les jeunes de sa classe « bébés » et inintéressants.

Il passe son temps à l'infirmerie ou à parler avec son prof d'espagnol pendant des heures.

Il ne supporte plus ses parents, qui n'ont pas su l'élever, ni sa sœur, de vingt ans, en burn-out.

Il trouve les gens hypocrites, malintentionnés, malfaisants et égoïstes. Quant au monde, rien de beau ne s'y trouve.

Il ne supporte pas de ne pas savoir et, dans la conversation, lorsque je dis quelque chose qu'il ignore, il répond : « Oui, oui je sais bien », et se décompose.

Il ne sait pas comment il fonctionne, ni qui il est vraiment.

Sophie est précoce elle aussi. Ses parents lui ont expliqué toute petite ce que cela voulait dire, qu'elle était un peu différente des autres dans sa manière de réfléchir, ni mieux, ni moins bien. Lorsqu'elle avait des problèmes à l'école, ils allaient en parler pour elle à la maîtresse, considérant qu'elle était trop jeune. Ils intervenaient auprès des copines lorsque celles-ci l'embêtaient. Ils partageaient du temps avec elle, lui demandant son avis et la laissant décider sur des sujets pour lesquels ils pensaient qu'elle en avait les capacités, décidant pour elle pour d'autres, tout en lui expliquant qu'elle n'avait pas encore l'âge pour cela.

Lorsqu'elle était trop fatiguée, ils la gardaient à la maison. Ils ont accompagné son goût des autres en invitant souvent des amis, et en lui expliquant leurs comportements lorsque ceux-ci déstabilisaient leur fille.

Au collège, elle sait que ce qu'elle apprend n'est pas toujours passionnant ; elle sait qu'elle a besoin de moins de temps que certaines de ses amies pour faire ses devoirs ; elle sait qu'elle travaille un peu différemment ; elle sait tenir compte des exigences de ses enseignants, tout en faisant à sa façon ; elle sait demander de l'aide à ses parents lorsqu'elle en a besoin car elle sait qu'elle n'est encore qu'une enfant ; elle sait être elle-même.

Dans le premier exemple, les parents d'Eliott n'ont valorisé que sa « quantité » d'intelligence, considérant tout le reste, et les autres, comme inutiles.

Pour Sophie, ses parents ont simplement regardé ce qui faisait du bien à leur fille. Ils ont perçu que s'ils ne faisaient que l'enrichir du point de vue des connaissances, alors elle perdrait le lien avec les amis de son âge, alors qu'ils savaient qu'elle était très sociable.

Ce sont deux exemples présentés très simplement et très schématiquement pour vous dire qu'il vous faut vous écouter et écouter votre enfant.

Être parent d'un enfant précoce n'est pas simple. Cela implique de devoir vous remettre en question en permanence, d'adapter les idées que vous aviez à la réalité de votre enfant, de faire des compromis avec vous-même, de modifier votre quotidien et de l'adapter aux besoins de votre enfant.

Ce n'est pas si difficile non plus, et c'est merveilleux de voir grandir votre enfant, en sagesse, en justesse, qui vous montre le chemin de demain, qui vous guide vers un monde meilleur.

Car les précoces sont souvent des précurseurs, qui avec leurs valeurs, dont ils ne transigent pas, tirent les autres vers le mieux.

Alors dites-vous que vous, votre enfant et votre famille êtes des personnes formidables.

Références

Si je partage mon expérience avec vous, je ne m'y cantonne pas : on ne peut pas tirer une généralité d'un ou de plusieurs exemples qui vont dans la même direction sans vérifier scientifiquement que l'on ne se trompe pas.

Ce que je fais systématiquement en consultant les recherches internationales.

Vous trouverez ici toutes les sources qui m'ont été utiles.

ALEXANDROV Andrey Yu., ZAKHAROVA Anna N., TALANOVA Tamara V., KHARITONOVA Svetlana B., DULINA Galina S., GUBANOVA Nina G., « Modern Tendencies of Psychological and Pedagogical Support of Gifted Children », *The European Proceedings of Social & Behavioural Sciences*, vol. 45, 2018, p. 669-678.

ANDREANI Ornella et PAGNIN Adriano, « Nurturing the Moral Development of the Gifted », *in* Kurt A. Heller, Franz J. Mönks et A. Harry Passow (dir.), *International Handbook of Research and Development of*

Giftedness and Talent, Oxford, Pergamon Press, 1993, p. 539-553.

Armstrong Laura Lynne, Desson Stephanie, St. John Elizabeth et Watt Emmalyne, « The D.R.E.A.M. Program : Developing Resilience Through Emotions, Attitudes, & Meaning (Gifted Edition) – a Second Wave Positive Psychology Approach », *Counselling Psychology Quarterly*, 30 décembre 2018.

Aubry Alexandre, Bourdin Béatrice, *Development of Attentional Networks in Intellectually Gifted Children*, Université de Picardie Jules-Verne, septembre 2018, DOI : 10.31234/osf.io/fvcwz.

Bailey Carrie L., « Social and Emotional Needs of Gifted Students : What School Counselors Need to Know to Most Effectively Serve this Diverse Student Population », conférence prononcée dans le cadre de l'Association for Counselor Education and Supervision Conference, Columbus, 11-14 octobre 2007.

Besançon Maud, Zenasni Franck et Lubart Todd, « Le haut potentiel créatif », *Enfance*, 2010/1, n° 1, p. 77-84.

Bildiren Ahmet, « The Interest Issues of Gifted Children », *World Journal of Education*, vol. 8, n° 1, 2018.

Brant Angela M., Haberstick Brett C., Corley Robin P., Wadsworth Sally J., DeFries John C. et Hewitt John K., « The Developmental Etiology of High IQ », *Behavior Genetics*, vol. 39, n° 4, mai 2009, p. 393-405.

Card David et Giulano Laura, « Universal Screening Increases the Representation of Low-Income and Minority Students in Gifted Education », *Proceedings of the National Academy of Sciences of the United States of America*, vol. 113, n° 48, 15 novembre 2016, p. 13678-13683.

Cathcart Rosemary, « Giftedness for Our Time and Place », *Australasian Journal of Gifted Education*, vol. 27, n° 2, dec. 2018.

Coleman Laurence J. et Cross Tracy L., « Social-Emotional Development and the Personal Experience of Giftedness », *in* Kurt A. Heller, Franz J. Mönks, Robert J. Sternberg et Rena F. Subotnik, (dir.), *International Handbook of Giftedness and Talent*, 2e éd., New York, Elsevier, 2000, p. 203-212.

Corballis Michael C., « Left Brain, Right Brain : Facts and Fantasies », *PLoS Biology*, vol. 12, n° 1, janvier 2014.

Csíkszentmihályi Mihály, *Creativity : Flow and the Psychology of Discovery and Invention*, New York, HarperCollins, 1996.

Csíkszentmihályi Mihály, Rathunde K. et Whalen S., *Talented Teenagers : The Roots of Success and Failure*, New York, Cambridge University Press, 1993.

Cuche Catherine, Genicot Anne-Sophie, Goldschmidt Isabelle et Van de Moortele Gaëlle, « L'engagement scolaire des jeunes à hauts potentiels : rôle de la relation avec les enseignants et les pairs », *Enfance*, 2010/1, n° 1, p. 111-128.

Czeschlik Tatiana et Rost Detlef H., « Sociometric Types and Children's Intelligence », *British Journal of Devevolpmental Psychology*, vol. 13, n° 2, juin 1995, p. 177-189.

Dai David Yin, *The Nature and Nurture of Giftedness : A New Framework for Understanding Gifted Education*, New York, Teachers College Press, Columbia University, 2010

Damian Lavinia E., Stoeber Joachim, Negru-Subtirica, Oana et Băban Adriana, « On the

Development of Perfectionism : The Longitudinal Role of Academic Achievement and Academic Efficacy », *Journal of Personality*, vol. 85, n° 4, 2017, p. 565-577.

DANIELS Susan, « Highly Gifted, Highly Sensitive, and Highly Intense », *Gifted Education Communicator*, vol. 40, n° 4, hiver 2009, p. 19-24.

DARK Veronica J. et BENBOW Camilla P., « Type of Stimulus Mediates the Relationship Between Working-Memory Performance and Type of Precocity », *Intelligence*, vol. 19, n° 3, 1984, p. 337-357.

DAVID Hanna, « To Be a Gifted Adolescent », *Journal of Interdisciplinary Sciences*, vol. 2, n° 1, mai 2018.

DELAUNE Andrea, « Emotional, Social and Relationship Development for Gifted and Talented Children in Early Childhood Education », *He Kupu*, vol. 4, n° 4, janvier 2016.

Écoutons ce que les enfants ont à nous dire : adolescents en France, le grand malaise. Consultation nationale des 6-18 ans, rapport de l'Unicef, 2014.

EIDE Brock et EIDE Fernette, « Brains on Fire : The Multimodality of Gifted Thinkers », Washington DC., Johns Hopkins University School of Education, décembre 2004.

ERIC, « Mental Energy », *Editorial. Intelligence*, vol. 33, n° 4, 2005, p. 331-335.

FÉDÉRATION WALLONIE-BRUXELLES, *Les Tests de Q.I.*, 2015 à consulter sur : http://enseignement.be/index.php?page=26125&navi = 2986.

FINGELKURTS Andrew A. et FINGELKURTS Alexander A., « Exploring Giftedness », *in* S. P. Shohov (dir.), *Advances in Psychology Research*, Huntington, Nova Science, vol. 9, 2002, p. 137-155.

FORNIA Gwen L. et WIGGINS FRAME Marsha, « The Social and Emotional Needs of Gifted Children : Implications for Family Counseling », *The Family Journal : Counseling And Therapy For Couples And Families*, vol. 9, n° 4, octobre 2001, p. 384-390.

FRANCIS Rosanna, HAWES David J., et ABBOTT Maree, « Intellectual Giftedness and Psychopathology in Children and Adolescents : A Systematic Literature Review », *Exceptional Children*, vol. 82, n° 3, septembre 2014, p. 1-24.

FREEMAN Joan, « Conflicts Between High Level Academic Success and Creativity *(Kylturowe i społeczne : konteksty wychowania)* », *Psychchologia Wychowawcza*, vol. 51, n° 9, 2016, p. 45-60.

FREEMAN Joan, « A Quality of Giftedness », *Gifted and Talented International*, vol. 27, n° 2, 2012, p. 13-71.

FREEMAN Joan, *Gifted Lives : What Happens When Gifted Children Grow Up ?*, Londres, Routledge, 2010.

FREEMAN Joan, « Permission to Be Gifted : How Conceptions of Giftedness Can Change Lives », *in* Robert J. Sternberg et Janet E. Davidson (dir.), *Conceptions of Giftedness*, Cambridge, Cambridge University Press, 2005, p. 80-97.

FREEMAN Joan, *Gifted Children Grown Up*, Londres, David Fulton Publishers, 2001.

FREEMAN Joan, « Mentoring Gifted Pupils : An International View », *Educating Able Children*, n° 54, 2001, p. 6-12.

GARDNER Howard, *Frames of Mind. The Theory of Multiple Intelligences*, New York, Basic Books, 1983.

GAZZANIGA Michael S., « Cerebral Specialization and Interhemispheric Communication. Does the Corpus Callosum Enable the Human Condition ? », *Brain*, vol. 123, n° 7, 2000, p. 1293-1326.

GEAKE John et DODSON Claire, « A Neuro-Psychological Model of the Creative Intelligence of Gifted Children », *Gifted and Talented International*, vol. 20, n° 1, 2005, p. 4-16.

GENTRY Marcia, STEENBERGEN-HU Saiying et CHOI Byung-Yeon, « Student-Identified Exemplary Teachers : Insights from Talented Teachers », *Gifted Child Quarterly*, vol. 55, n° 2, 2011, p. 111-125.

GERE Douglas R., CAPPS Steve C., MITCHELL D. Wayne et GRUBBS Erin, « Sensory Sensitivities of Gifted Children », *American Journal of Occupational Therapy*, vol. 63, n° 3, mai 2009, p. 288-295.

GOETZ Thomas, PRECKEL Franzis, ZEIDNER Moshe et SCHLEYER Esther, « Big Fish in Big Ponds : A Multilevel Analysis of Test Anxiety and Achievement in Special Gifted Classes », Anxiety Stress Coping, vol.21, n° 2, 2008, p. 185-198.

GOLDBERG Elkhonon, *The Executive Brain : Frontal Lobes and the Civilized Mind, The Executive Brain : Frontal Lobes and the Civilized Mind*, New York, Oxford University Press, 2001.

GOTTFRIED Allen W., GOTTFRIED Adele Eskeles, BATHURST Kay et GUERIN Diana Wright, *Gifted IQ : Early Developmental Aspects : The Fullerton Longitudinal Study*, New York, Plenum, 1994.

GOTLIEB Rebecca, HYDE Elizabeth, IMMORDINO-YANG Mary Helen et KAUFMAN Scott Barry, « Cultivating The Social-Emotional Imagination in Gifted Education : Insights from Educational Neuroscience », *Annals of the New York Academy of Sciences*, vol. 1377, 2016, p. 22-31.

GRÉGOIRE Jacques, SIEGLER Robert S., *Enfant et raisonnement, le développement cognitif de l'enfant*, Bruxelles, De Boeck, 2010.

GRÉGOIRE Jacques, VLIEGHE Marie et LEBRUN Élise, « Haut potentiel, créativité et personnalité », *Enfance*, vol. 62, n° 1, 2010, p. 85-98.

GROSS Miraca U. M., « Highly Gifted Young People : Development from Childhood to Adulthood », *in* Lavinia Shavinina (Ed.), *International handbook on giftedness*, New York, Springer, 2009, p. 337-351.

GRUBAR Jean-Claude, « Sommeil et efficience mentale : sommeil et précocité intellectuelle », *in* Jean-Claude Grubar, Michel Duyme et Sophie Côte (dir.), *La Précocité intellectuelle, de la mythologie à la génétique*, Bruxelles, Mardaga, 1997, p. 83-90.

GUIGNARD Jacques-Henri, JACQUET Anne-Yvonne et LUBART Todd, « Perfectionism and Anxiety : A Paradox in Intellectual Giftedness ? », *PLoS ONE*, vol. 7, n° 7, 2012.

GUR Cagla, « Do Gifted Children have Similar Characteristics ? : Observation of Three Gifted Children » *Procedia Social and Behavioral Sciences*, vol. 12, 2011, p. 493-500.

HAIER Richard J., SIEGEL Benjamin V., NEUCHTERLEIN Keith H., HAZLETT Erin, WU Joseph C., PAEK Joanne, BROWNING Heather L. et BUSHBAUM Monte S., « Cortical Glucose Metabolic Rate Correlates of Abstract Reasoning and Attention Studied with Positron Emission Tomography », *Intelligence*, vol. 12, n° 2, 1988, p. 199-217.

HAIER Richard J., JUNG Rex E., YEO Ronald A., Head Kevin et Alkire Michael T., « Structural Brain Variation and General Intelligence », *Neuroimage*, vol. 23, n° 1, 2004, p. 425-433.

HAN Ru, SHI Jiannong, YONG Wu et WANG Wenzhong, « Intelligence and Prosocial Behavior : Do Smart Children Really Act Nice ? », *Current psychology*, vol. 31, n° 1, 2012, p. 88-101.

HARDEN K. Paige, TURKHEIMER Eric et LOEHLIN John C., « Genotype by Environment Interaction in Adolescents' Cognitive Aptitude », *Behavioral Genetic*, vol. 37, n° 2, 2007, p. 273-283.

HARRISON Cathie, « Giftedness in Early Childhood : The Search for Complexity and Connections », *Roeper Review*, vol. 26, n° 2, 2004, p. 78-84.

HAWORTH Claire M. A., WRIGHT Margaret J., MARTIN Nicolas W., MARTIN Nicholas G., BOOMSMA Dorret I., BARTELS Meike, POSTHUMA Danielle, DAVIS Oliver S. P., BRANT Angela M., CORLEY Robin P., HEWITT John K., IACONO William G., MCGUE Matthew, THOMPSON Lee A., HART Sara A., PETRILL Stephen A., LUBINSKI David et PLOMIN Robert, « A Twin Study of the Genetics of High Cognitive Ability Selected from 11 000 Twin Pairs in Six Studies from Fours Countries », *Behavioral Genetics*, vol. 39, n° 4, 2009, p. 393-405.

HAWORTH Claire M. A., DALE Philip S. et PLOMIN Robert, « Generalist Genes and High Cognitive Abilities », *Behavioral Genetics*, vol. 39, n° 4, 2009, p. 437-445.

HOFFMANN Jessica, RUSS Sandra, « Pretend Play, Creativity, and Emotion Regulation in Children », *Psychology of Aesthetics, Creativity, and the Arts*, vol. 6, n° 2, 2012, p. 175-184.

HUTEAU Michel, « Alfred Binet et la psychologie de l'intelligence », *Le Journal des psychologues*, vol. 1, n° 234, 2006, p. 24-28.

JAMBAQUÉ I., « Contribution de la neuropsychologie développementale à l'étude des sujets à haut potentiel : une revue de questions », *Psychologie française*, vol. 49, n° 3, 2004, p. 267-276.

JAUŠOVEC Norbert, « Differences in Cognitive Processes Between Gifted, Intelligent, Creative, and Average

Individuals While Solving Complex Problems : An EEG Study », *Intelligence*, vol. 28, n° 3, 2000, p. 213-237.

JIN Seung-Hyun, KIM Soo Yong, PARK Kyung Hee et LEE Kil-Jae, « Differences in EEG Between Gifted and Average Students : Neural Complexity and Functional Cluster Analysis », *The International Journal of Neuroscience*, vol. 117, n° 8, 2007, p. 1167-1184.

JONES T. W., « Equally Cursed and Blessed : Do Gifted and Talented Children Experience Poorer Mental Health and Psychological Well-Being ? », *Educational Child Psychology*, vol. 30, n° 2, 2014, p. 44-66.

JUNG Jae Yup, MCCORMICK John et GROSS Miraca U. M. « The Forced Choice Dilemma : A Model Incorporating Idiocentric/Allocentric Cultural Orientation », *Gifted Child Quarterly*, vol. 56, n° 1, 2012, p. 15-24.

JUNG Rex E. et HAIER Richard J., « The Parieto-Frontal Integration Theory (P-FIT) of Intelligence : Converging Neuroimaging Evidence », *Behavioral and Brain Sciences*, vol. 30, n° 2, 2007, p. 135-154.

KARIMI Masoumeh, BESHARAT Mohammad Ali, « Comparison of Alexithymia and Emotional Intelligence in Gifted and Non-Gifted High School Students », *Procedia Social and Behavioral Sciences*, vol. 5, 2010, p. 753-497.

KARNES Frances A. et BROWN K., « Eliot, Moral Development and the Gifted : An Initial Investigation », *Roaper Review*, vol. 3, n° 4, 1981, p. 8-10.

KAYA Fatih, KANIK Polat et ALKIN Serdar, « A Comparison of Gifted and Non-Gifted Students' Emotional Intelligence and Communication Skills »,

International Online Journal of Educational Sciences, vol. 8, nº 1, 2016, p. 229-244.

KHOSRAVI FARD Elham, KEELOR Jennifer L., BAGHEBAN Alireza Akbarzadeh, KEITH Robert W., « Comparison of the the Rey Auditory Verbal Learning Test (RAVLT) and Digit Test with Typically Achieving and Gifted Students », *Iranian Journal of Child Neurology*, Spring 2016, vol. 10, nº 2, printemps 2016, p. 26-37.

KOSTOGIANNI Nikoleta et ANDRONIKOV Anne, « Self-Esteem, Self-Centeredness and Social-Emotional Adjustment of Gifted Children and Adolescents », *Encéphale*, vol. 35, nº 5, 2009, p. 417-22.

KRNETA Docent Ljiljana, « Perception of Present and Vision of Future of Gifted Students », *Universal Journal of Educational Research*, vol. 4, nº 8, 2016, p. 1745-1752.

LEE Kun Ho, CHOI Yu Yong, GRAY Jeremy R., CHO Sun Hee, CHAE Jeong-Ho, LEE Seungheun et KIM Kyungjin, « Neural Correlates of Superior Intelligence : Stronger Recruitment of Posterior Parietal Cortex », *NeuroImage*, vol. 29, nº 2, 2006, p. 578-586.

LEE Seon-Young, MATTHEWS Michael, SHIN Jongho et KIM Myung-Seop, « Academically Gifted Adolescents' Social Purpose », *High Ability Studies*, vol. 2011, nº 132, 2018, p. 1-26.

LIN TAN Cynthia L. Smith, « Function of Child Anger and Sadness in Response to a Blocked Goal », *Journal of Experimental Child Psychology*, vol. 170, 2018, p. 190-196.

LOVECKY Deirdre V., « Identity Development in Gifted Children : Moral Sensitivity », *Roeper Review*, vol. 20, nº 2, décembre 1997, p. 90-94.

LUBBART Todd, *Enfants exceptionnels. Précocité intellectuelle, haut potentiel et talent*, Paris, Bréal, 2005.

LYKKEN David T., « The Mechanism of Emergenesis », Genes, Brain & Behavior, vol. 5, n° 4, 2006, p. 306-310.

MACHŮA Eva et MORYSOVÁ Dominika, « Analysis of the Emotion of Fear in Gifted Children and Its Use in Teaching Practice », *Social and Behavioral Sciences*, vol. 217, 2016, p. 222-228.

MAŁGORZATA Anna Kuśpit, « Creative Attitude and Understanding of Emotions by Artistically-Gifted Students », *Polish Journal of Applied Psychology*, vol. 14, n° 3, 2016, p. 59-78.

MARSH Herbert W., « The Big-Fish-Little-Pond Effect on Academic Self-Concept », *Journal of Educational Psychology*, vol. 79, n° 3, 1987, p. 280-295.

MAYER John D., PERKINS Donna M., CARUSO David R. et SALOVEY Peter, « Emotional Intelligence and Giftedness », *Roeper Review*, vol. 23, n° 3, 2001, p. 131-137.

MAYER John D., SALOVEY Peter et CARUSO David R., « Models of Emotional Intelligence », *in* R. J. Sternberg (dir.), *Handbook of Intelligence*, Cambridge/New York, Cambridge University Press, 2000, p. 396-420.

MENDAGLIO Sal, « Heightened Multifaceted Sensitivity of Gifted Students : Implications for Counseling », *The journal of secondary gifted education*, vol. 14, n° 2, p. 72-82.

MOUCHIROUD Ch., « Haut potentiel intellectuel et développement social », *Psychologie Française*, vol. 49, n° 3, 2004, p. 293-304.

MRAZIK Martin et DOMBROWSKI Stefan C., « Neurobiology, Prenatal Development and Prodigiousness : The Neurobiological Foundations of Giftedness », *Roeper Review*, vol. 32, n° 4, 2010, p. 224-234.

NEIHART Maureen, « Gifted Children With Asperger's Syndrome », *Gifted Child Quarterly*, vol. 44, n° 4, 2000, p. 222-230.

O'BOYLE Michael W., « Mathematically Gifted Children : Developmental Brain Characteristics and their Prognosis for Well-Being », *Roeper Review*, vol. 30, n° 3, 2008, p. 181-186.

O'BOYLE Michael W. et BENBOW Camilla P., « Enhanced Right Hemisphere Involvement during Cognitive Processing may Relate to Intellectual Precocity », *Neuropsychologia*, vol. 28, n° 2, 1990, p. 211-216.

O'BOYLE Michael W., GILL Harwant S., BENBOW Camilla P. et ALEXANDER Joel E., « Concurrent Finger-Tapping in Mathematically Gifted Males : Evidence for Enhanced Right Hemisphere Involvement during Linguistic Processing », *Cortex*, vol. 30, n° 3, 1994, p. 519-526.

ÖZBEY Adnan, SARIÇAM Hakan, KARDUZ Firdevs, « The Examination of Emotional Intelligence, Sense of Community, Perception of Social Values in Gifted and Talented Students », *Journal of educational science and psychology*, vol. VIII (LXX), n° 2, 2018, p. 64-79.

PARKER Wayne D., « An Empirical Typology of Perfectionism in Academically Talented Children », *American Educational Research Journal*, 34, 1997, p. 545-562.

PEREIRA-FRADIN Maria, « La variabilité intra-individuelle chez les enfants à haut potentiel intellectuel », *Psychologie française*, vol. 49, n° 3, 2004, p. 253-266.

PEREIRA-FRADIN Maria, CAROFF Xavier et JACQUET Anne-Yvonne, « Le WISC-IV permet-il d'améliorer l'identification des enfants à haut potentiel ? », *Enfance*, 2010/1, n° 1, p. 11-26.

PFEIFFER Steven I., PETSCHER Yaacov et KUMPTEPE Alper, « The Gifted Rating Scales-School Form : A

Validation Study Based on Age, Gender, and Race », *Roeper Review*, vol. 30, nº 2, 2008, p. 140-146.

PIECHOWSKI Michael, « Emotional Giftedness : an Expanded View », *APEX. The New Zealand Journal of Gifted Education*, vol. 10, nº 1, 1997, p. 37-47.

PIECHOWSKI Michael, SILVERMAN Linda K. et FALK R. Frank, « Comparison of Intellectually and Artistically Gifted on Five Dimensions of Mental Functioning », *Perceptual and Motor Skills*, vol. 60, nº 2, 1985, p. 539-549.

PISKE Fernanda Hellen Ribeiro, STOLTZ Tania et MACHADO Jarci « Creative Education for Gifted Children », *Creative Education*, 5, 347-352.

PLANCHE Pascale, « Le fonctionnement et le développement cognitif de l'enfant intellectuellement précoce », *L'Année psychologique*, vol. 100, nº 3, 2000, p. 503-525.

PLANCHE Pascale, « Étude comparative d'enfants "précoces" et d'enfants "moyens" face à une épreuve de décentration spatio-cognitive », *in* Jacques Juhel, Thierry Marivain et Géraldine Roussel (dir.), *Psychologie et différences individuelles : questions actuelles*, Rennes, PUR, 1997, p. 133-138.

PLUCKER Jonathan A. et CALLAHAN Carolyn M. (dir.), *Critical Issues (and) Practices in Gifted Education : What the Research Says*, Waco, Prufrock Press, 2008.

PRECKEL Franzis, GÖTZ Thomas et FRENZEL Anne, « Ability Grouping of Gifted Students : Effects on Academic Self-Concept and Boredom », *British Journal of Educational Psychology*, vol. 80, nº 3, 2010, p. 451-472.

PROBER Paula, *Your Rainforest Mind : A Guide to the Well-Being of Gifted Adults and Youth*, GHF Press, 2016.

Rauscher Frances H., Shaw Gordon L. et Ky Katherine N., « Listening to Mozart Enhances Spatial-Temporal Reasoning : Towards a Neurophysiological Basis », *Neuroscience Letters*, vol. 185, nº 1, p. 44-47.

Rea Dan W., « Optimal Motivation for Talent Development », *Journal for the Education of the Gifted*, vol. 23, nº 2, 2000, p. 187-216.

Reed T. Edward et Jensen Arthur R., « Conduction Velocity in a Brain Nerve Pathway of Normal Adults Correllates with Intelligence Level », *Intelligence*, vol. 16, nºs 3-4, 1992, p. 259-272.

Renati Roberta, Bonfiglio Natale Salvatore et Pfeiffer Steven I., « Challenges Raising a Gifted Child : Stress and Resilience Factors Within the Family », *Gifted Education International*, vol. 33, nº 2, p. 145-162.

Revol Olivier, Noir F., Magneval F. de, Amato M. T. et Fourneret Pierre, « Sommeil et précocité », *ANAE*, vol. 15, nº 73, « Approche neuropsychologique des apprentissages chez l'enfant », 2003, p. 151-158.

Robinson Nancy M., « The Social World of Gifted Children and Youth », *in* Steven I. Pfeiffer (dir.), *Handbook of Giftedness in Children, Psychoeducational Theory, Research, and Best Practices*, New York, Springer, 2008.

Roeper Annemarie « How the Gifted Cope with Their Emotions », *Roeper Review*, vol. 5, nº 2, 1982, p. 21-24.

Rommelse Nanda, Van der Kruijs Marieke, Damhuis Jochem, Hoek Ineke, Smeets Stijn, Antshel Kevin M., Hoogeveen Lianne et Faraone Stephen V., « An Evidenced-Based Perspective on the Validity of Attention-Deficit/Hyperactivity Disorder in the Context of High Intelligence », *Neuroscience and Biobehavioral Reviews*, vol. 71, 2016 p. 21-47.

Rypma Bart, Berger Jeffrey S., Prabhakaran Vivek, Bly Benjamin Martin, Kimberg Daniel Y., Biswal Bharat B., D'Esposito Mark, « Neural Correlates of Cognitive Efficiency », *NeuroImage*, vol. 33, n° 3, 2006, p. 969-979.

Rysiew Katy J., Shore Bruce M. et Leeb Rebecca T., « Multipotentiality, Giftedness, and Career Choice : A Review », *Journal of Counseling and Development*, vol. 77, n° 4, p. 423-430.

Sampson Carola, « Social and Emotional Issues of Gifted Young Children », *APEX : The New Zealand Journal of Gifted Education*, vol. 18, n° 1, 2013.

Schwean Vicki L., Saklofske Don, Widdifield-Konkin Leslie, Parker James D. A. et Kloosterman Patricia, « Emotional Intelligence and Gifted Children », *E-Journal of Applied Psychology*, vol. 2, n° 2, 2006, p. 30-37.

Shaunessy Elizabeth, Suldo Shannon M., Hardesty Robin B. et Shaffer Emily J., « School Functioning and Psychological Well-Being of International Baccalaureate and General Education Students. A Preliminary Examination », *Journal of Secondary Gifted Education*, vol. 17, n° 2, 2006, p. 76-89.

Shaw Philip, Greenstein Deanna (Dede), Lerch J.P., Clasen L., Lenroot R., Gogtay Nitin, Evans Alan Charles, Rapoport J., Giedd Jay N., « Intellectual Ability and Cortical Development in Children and Adolescents », *Nature*, vol. 30, n° 440 (7084), 2006, p. 676-679.

Shi Jiannong, Tao Ting, Chen Wei, Cheng Li, Wang Long, Xingli Zhang, « Sustained Attention in Intellectually Gifted Children Assessed Using a Continuous Performance Test », *PLoS ONE*, vol. 8, n° 2, 2013.

SHORE Bruce M., CHICHEKIAN Tanya, GYLES Petra D. T., WALKER Cheryl L., « Friendship of Gifted Children and Youth : Updated Insights and Understanding », in *The SAGE Handbook of Gifted and Talented Education*, Londres, SAGE, 2019.

SHUMAKOVA Natalia, « Creativity in Intellectually Gifted Primary School Children and Gifted Children in Art », International Conference on Psychology and Education (ICPE), 2018.

SILVERMAN Linda Kreger, « The Moral Sensitivity of Gifted Children and the Evolution of Society », *Roeper Review*, vol. 17, n° 2, 2010, p. 110-116.

SILVERMAN Linda Kreger, « Social Development in the Gifted. Lovecky, D. Exploring social and emotional aspects of giftedness in Children », *Roeper Review*, vol. 15, n° 1, 1992, p. 18-25.

SUBOTNIK Rena F., OLSZEWSKI-KUBILIUS Paula et WORRELL Frank C., « Rethinking Giftedness and Gifted Education : A Proposed Direction Forward Based on Psychological Science », *Psychological Science in Public Interest*, vol. 12, n° 1, 2011, p. 3-54.

TAKEUCHI Hikaru, TAKI Yasuyuki, HASHIZUME Hiroshi, SASSA Yuko, NAGASE Tomomi, NOUCHIC Rui, KAWASHIMA Ryuta, « Failing to Deactivate : the Association between Brain Activity during a Working Memory Task and Creativity », *NeuroImage*, vol. 55, n° 2, 2011, p. 681-687.

TAPPER Louise, ABBISS Jane, « Finding a “Fit” : Gifted and Talented Adolescents’ Identity Negotiations », *New Zealand Journal of Educational Studies*, vol. 50, n° 2, 2015, p. 255-258.

TAPPER Louise, « Gifted and Talented Adolescents’ Experiences of School in Aotearoa New Zealand », *in* Nadine Ballam, Roger Moltzen (dir.), *Giftedness and Talent*, Singapore, Springer Verlag, 2017, p. 179-199.

Tapper Louise, « "Being in the World of School". A Phenomenological Exploration of Experiences for Gifted and Talented Adolescents », thèse de doctorat, Christchurch, University of Canterbury, 2014.

Tekin Murat et Taşğin Özden, « Analysis of the Creativity Level of the Gifted Students », *Procedia Social and Behavioral Sciences*, vol. 1, n° 1, 2009, p. 1088-1092.

Tirri Kirsi et Nokelainen Petri, « Gifted Students and the Future », *KEDI Journal of Educational Policy*, vol. 3, n° 2, 2006, p. 55-66.

Tirri Kirsi, « Gifted Students as Citizens for the Future », conférence prononcée le 14 juillet 2008 à l'occasion de la 10e Conférence Asie-Pacifique sur les surdoués.

Turon-Lagot Éric, *WISC-IV. 1 : Une mesure des manifestations de l'intelligence chez l'enfant*, L'Isle-Adam, Éric Turon-Lagot, 2015.

Turon-Lagot Éric, *WISC-IV. 2 : L'expression des compétences cognitives et de leurs troubles chez l'enfant et l'adolescent : études de cas*, L'Isle-Adam, Éric Turon-Lagot, 2016.

Udvari Stephen J. et Schneider Barry H., « Competition and the adjustment of gifted children : A matter of motivation », *Roeper Review*, vol. 22, n° 4, p. 212-216.

Ünubol Huseyin et Demirhan Ecce, « Evaluation of Self-Esteem, Depression Levels and Nonfunctional Attitudes of Gifted and Talented Adolescents », *The Journal Of Neurobehavioral Sciences*, vol. 5, n° 1, 2018, p. 22-28.

Vaivre-Douret Laurence, « Approche développementale et neuropsychologique des enfants à "hautes potentalités" », *in* Todd Lubbart, *Enfants exceptionnels. Précocité intellectuelle, haut potentiel et talent*, Paris, Bréal, 2005.

VAIVRE-DOURET Laurence, « Developmental and Cognitive Characteristics of "High-Level Potentialities" (Highly Gifted) Children », *International Journal of Pediatrics*, 2011, article ID 420297, 2011. DOI : 10.1155/2011/420297.

WEBB James T., AMEND Edward R., BELJAN Paul, WEBB Nadia E., KUZUJANAKIS Marianne, OLENCHAK F. Richard et GOERSS Jean, *Misdiagnosis and Dual Diagnosis of Gifted Children and Adults : ADHD, Bipolar, OCD, Asperger's, Depression, and Other Disorders*, Scottsdale, Great Potential Press, 2005.

WHITAKER Ashley M., BELL Terece S., HOUSKAMP Beth M. et O'CALLAGHAN Erin T., « A Neurodevelopmental Approach to Understanding Memory Processes among Intellectually Gifted Youth with Attention-Deficit Hyperactivity Disorder », *Applied Neuropsychology : Child*, vol. 4, n° 1, 2015, p. 31-40.

WINNER Ellen, « The Origins and Ends of Giftedness », *American Psychologist*, vol. 55, n° 1, 2000, p. 159-169.

WINNER Ellen, « The Rage to Master : The Decisive Role of Talent in the Visual Arts », *in* K. Anders Ericsson (dir.), *The Road to Excellence : The Acquisition of Expert Performance in the Arts and Sciences, Sports, and Games*, Mahwah (N.-J.), Lawrence Erlbaum, 1996, p. 271-301.

WINNER Ellen, *Gifted Children : Myths and Realities*, New York, Basic Books, 1996.

WIRTHWEIN Linda et ROST Detlef H., « Giftedness and Subjective Wellbeing : A Study with Adults », *Learning and Individual Differences*, vol.21, n° 2, 2011, p. 182-186.

ZEIDNER Moshe et SCHLEYER Esther Jane, « The Big-Fish-Little-Pond Effect for Academic Self-Concept, Test Anxiety, and School Grades in Gifted Children », *Contemporary Educational Psychology*, vol. 24, n° 4, 1999, p. 305-329.

ZIMMER Carl, « The Search for Intelligence », *Scientific American*, vol. 299, octobre 2008, p. 68-75.

Table

(Du même auteur, suite)

Chez d'autres éditeurs :

Petit atelier de mieux-être au travail pour salariés de tous horizons (First)
« Une autre façon de penser : l'intuition », in *Secrets de psys* (Odile Jacob)
Comment se faire des amis (Éditions 365)
La Confiance en soi (Éditions 365)
L'Obéissance (avec Aurore Aymelet, Hachette Pratique)
Les Caprices (avec Aurore Aymelet, Hachette Pratique)
Ma grand-mère avait bien raison (First)
« Non je ne suis pas une mère parfaite », in *Secrets de psys* (Odile Jacob)
Prendre la vie du bon côté (Odile Jacob)

Mise en pages
PCA – 44400 Rezé

IMPRIM'VERT®

Achevé d'imprimer
en mai 2019
par Corlet Imprimeur
14110 Condé-en-Normandie

Dépôt légal : mai 2019
N° d'imprimeur : 203644
Imprimé en France